Birgit Bosbach

Seelenreise mit dem Einhorn Theora

Smaragd Verlag

Bitte fordern Sie unser kostenloses Verlagsverzeichnis an:

Smaragd Verlag e.K.
Neuwieder Straße 2
D-56269 Dierdorf
Tel.: 02689-92259-10
Fax: 02689-92259-20
E-Mail: info@smaragd-verlag.de
www.smaragd-verlag.de

Oder besuchen Sie uns im Internet unter der obigen Adresse und melden Sie sich für unseren Newsletter an.

Deutsche Erstausgabe: Januar 2018

Umschlaggestaltung: preData
Satz: preData
Printed in Czech Republic
ISBN 978-3-95531-168-1

Wisse, geliebtes Menschenkind, das du jetzt diese Worte liest:

Wann immer du mich rufst, bin ich bei dir.
Wann immer du mich brauchst, werde ich dein Vertrauen stärken und dir Mut machen, damit du deinen Weg gehen kannst.
Wann immer du traurig bist, werde ich da sein und dich trösten.
Wann immer du mich rufst, werde ich da sein und dich mit meiner Liebe umhüllen.

Ich bin Theora, das Einhorn,
das gemeinsam mit dir wachsen möchte.

Inhaltsverzeichnis

Erklärung zum Buch

Liebe Leserin, lieber Leser, ich freue mich von ganzem Herzen, dass du dieses Buch in Händen hältst.

Bei meiner Arbeit und in meinem Leben stehe ich in engem Kontakt mit der unsichtbaren Welt, insbesondere mit der Welt der Engel.

So war es für mich eine kleine Überraschung, als bei der Frage nach einem Channeling für Mai 2017 auf einmal Theora, das Einhorn, zu mir kam.

Einhörner sind ein Teil von mir, doch habe ich noch nie zuvor in einer so tiefen und berührenden Verbindung gestanden wie mit diesem Wesen.

Ich saß also da, mit Stift und Block, öffnete meinen Verbindungskanal und bat um eine Botschaft, die ich an die Menschen weiterleiten durfte.

In Erwartung eines Engels spürte ich eine Energie, die ich nicht kannte, und als ich fragte, wer denn da sei, zeigte sich mir Theora.

Mein Herz begann vor Freude zu hüpfen, und bei den Texten, die Theora mir duchgab, vollzog mein Inneres Kind wahre Luftsprünge. Noch nie hatte ich mein Inneres Kind so fröhlich und glücklich erlebt.

Als Theora mir dann am Ende sagte, dass sie mir ein Buch übermitteln wolle, sagte ich ohne zu zögern Ja.

Ihre Worte berührten mich tief in meinem Inneren, ließen mich während des Schreibens lachen und weinen. Die ganze Zeit war ich im Andersland und erlebte ihre Botschaften und Weisheiten, und ich hoffe von ganzem Herzen, dass du, liebe Leserin, lieber Leser, ebenso berührt wirst und genau wie ich vor Glück lachst und weinst.

Theora spricht in einer etwas anderen Sprache, und ich bitte dich, dich darauf einzulassen. Die Formulierungen zu ändern würde die Schwingung verändern, die in den Worten enthalten ist und die Kraft der Liebe in sich trägt.

So wirst du auch immer wieder dazu aufgefordert, die Augen zu schließen, hineinzufühlen in das Geschehen oder eine Pause zu machen, um das Gelesene wirken zu lassen.

Dieses Buch ist für alle Menschenkinder, die noch träumen können, die neugierig sind oder es wieder werden möchten. Es soll Mut machen, sich selbst zu vertrauen, sich anzunehmen und zu lieben. Es führt auf den Weg der Achtsamkeit, lädt die Sinne ein, zu fühlen, zu sehen, zu hören und zu riechen, öffnet dein Herz, wenn du es erlaubst, und führt dich durch die Anderswelt zu den heiligen, heilenden Orten.

So lass dich berühren von der tiefen Weisheit und Liebe des Einhorns Theora.

Von Herz zu Herz,
Birgit

Vorwort von Theora

Vor langer, langer Zeit war die Welt noch im Gleichgewicht. Die Menschen glaubten noch an uns, und wir Einhörner waren Teil eures Lebens. Ihr konntet uns sehen, unsere Worte hören und ließt euch von unserer Energie berühren. Wir waren eure Freunde, Ratgeber und Lehrer.

Doch dann brach eine Zeit des Vergessens an, und der Schleier zwischen den Welten wurde immer dichter, sodass sich bald kein Mensch mehr an uns spirituelle Wesen erinnern konnte.

Wir wurden für die Menschenwelt zu Fabelwesen, Geschöpfen der Fantasie, und unsere Geschichten wurden belächelt und als Märchen abgetan. Die Welten trennten sich, waren nicht mehr eins, und auch das Gleichgewicht ging verloren. So konnten wir euch nicht mehr erreichen und blieben traurig zurück.

Doch jetzt ist die Zeit gekommen, in der die Schleier sich zu lichten beginnen, und so manches Menschenkind findet den Mut, zwischen den Welten zu reisen. Heute beginnen die Menschen wieder, ihr Herz zu öffnen, um mit der unsichtbaren Welt Kontakt aufzunehmen.

Dadurch ist es mir, Theora, jetzt möglich, dich mitzunehmen an die heiligen Plätze der Anderswelt, wo ich zu Hause bin.

Liebes Menschenkind, das du jetzt diese Zeilen liest:

Bist du bereit?
Möchtest du eintauchen in meine Welt?
Möchtest du unseren Geschichten aus längst vergangener Zeit lauschen?
Möchtest du, dass wir dir helfen, mutig deinen Weg zu gehen, dich mit unserer Liebe und Heilkraft umhüllen und dir durch die Berührung unseres Horns Weisheit und Wahrheit bringen?

Wenn ja, dann mache dich jetzt bereit!

Die blaue Quelle

Ich führe dich an das Tor zur Anderswelt, und es ist für jedes Menschenkind anders. So gebe ich dir hier auch kein Bild, sondern lade dich ein, einmal kurz deine Augen zu schließen, damit dein Tor zur Anderswelt sich dir zeigen kann.

Konntest du es wahrnehmen? Wenn ja, dann weißt du jetzt, wie dein Tor aussieht. Wenn es sich dir noch nicht gezeigt hat, dann bitte ich dich, mir zu vertrauen, dass ich dich durch dein Tor hindurchführen werde.

Bist du bereit?

Fühle mich, du kannst auch ruhig eine Hand auf meinen Hals legen, dann nimm noch einmal einen tiefen Atemzug, und los geht's. Hindurch von deiner in meine Welt. Nun, das war doch gar nicht so schwer, oder?

Schau dich ruhig einmal um in der Anderswelt. Hier ist die Luft klar und rein, und die Vögel singen ihr schönstes Lied. Das Gras unter uns ist saftig grün. Blumen blühen in allen Farbschattierungen, und vielleicht kannst du sehen, dass hier alles in Harmonie ist.

Wir müssen dem Pfad dort folgen, der am Wald entlangführt. Schau, der kleine blaue Vogel möchte uns begleiten. Winke ihm ruhig zu, denn er singt gerade nur für dich.

Er fliegt voraus, und es scheint, als würde dort hinten jemand warten. Siehst du es auch? Gleich sind wir näher, und dann können wir das Wesen bestimmt erkennen.

Liebes Menschenkind spürst du auch, dass es auf einmal ganz still wird? Fast so, als würde alles für einen Moment die Luft anhalten, stillstehen.

Es ist ein ganz besonderer Augenblick, und ich führe dich jetzt zu dem Wesen, das dort hinten auf uns wartet.

Je näher wir kommen, umso größer wird das Wesen. Sein Gewand funkelt und glitzert, ja, sogar die Luft und der Boden glitzern, als wäre alles mit unzähligen Kristallen erfüllt. Kannst du es sehen?

Das Wesen kommt näher, es kommt auf uns zu. Es ist die Hüterin der blauen Quelle. Ich verbeuge mich und bitte auch dich, dies zu tun.

Die Hüterin der blauen Quelle spricht:

„Ich danke dir, Theora, dass du mir ein Menschenkind bringst. Es ist schon so lange her, dass die Menschen zur Quelle gekommen sind.

Liebes Kind, ich freue mich, dass du den Mut hattest, durch dein Tor in die Anderswelt zu kommen. Ich bin die Hüterin der blauen Quelle.

Einst kamen die Menschen regelmäßig hierher, wenn sie Klarheit brauchten, nach Wahrheit suchten. Immer dann, wenn sie in der Verbindung, im Gespräch mit der Quelle waren oder hineinschauten, um die Antwort im Spiegel des Wassers zu lesen, konnten sie ein Stück heilen und das, was ihnen Sorge bereitet hatte, dem Sorgen-

baum übergeben, damit er die Sorgen in Zuversicht wandeln konnte.

So ist dieser Baum auch der Baum der Wandlung, und er zeigt sich in der Farbe Violett. Das ist die Energie, die die Kraft hat, alles Schwere zu verwandeln.

So war und ist es wichtig, dass die Menschen der Quelle mit dem Herzen zuhören, denn nur so kann Schmerz heilen.

Möchtest auch du zur Quelle gehen? Gibt es etwas, auf das du eine Antwort brauchst oder das dir Sorgen bereitet? Ja?

So weihe ich dich ein in die Zeremonie der blauen Quelle.

Immer wenn du hierherkommen möchtest, folge dem blauen Vogel. Er wird dir den Weg weisen und dich zu mir bringen.

Ich werde dich dann vorbereiten, indem ich dich in violette Energie hülle. Du kannst es dir so vorstellen, dass ich über deinem Kopf ein Tor öffne, und durch diese Öffnung fließt jetzt violette, glitzernde Energie.

Vielleicht kannst du sie ja spüren? So ein leichtes Kribbeln? Vielleicht kannst du es ja auch sehen, dieses Funkeln?

Diese Energie reinigt dich, sie wäscht sozusagen den Staub von deinem Körper und auch alles andere, was nicht zu dir gehört. Im Laufe eines Tages bleibt so manches an euch hängen. Es sind die Gefühle und Schwingungen, manchmal auch Worte, die von anderen

Menschen zu euch kommen und sich auf eure Schultern legen. Dann kann es sein, dass du dich müde fühlst oder als ob du eine Last trägst. All das kann durch die violette Energie abgewaschen werden, sodass du wieder ganz du selbst bist.

Wenn du gereinigt bist, wenn alles getan ist, darf ich dir einen wunderschönen blauen Umhang reichen. Er wurde aus der Energie der blauen Quelle gefertigt und hilft dir, ganz bei dir zu sein. Er umhüllt dich, wärmt dich und schenkt dir das Gefühl, beschützt und geborgen zu sein. In seinem Inneren sind unzählige kleine Kristalle eingearbeitet, die immer dann beginnen zu funkeln und ihre Energie zu verströmen, wenn du dich bewegst.

Magst du es einmal ausprobieren?
Na, wie fühlt sich das an?"

Theora ist schon ganz aufgeregt, denn es ist so lange her, dass sie das miterleben durfte, ja, dass ein Menschenkind sich auf den Weg zur blauen Quelle machte. So spricht jetzt Theora zu dir.

„Liebes Menschenkind, ich bin so voller Freude, und ich kann dir sagen, du bist wunderschön so, wie du jetzt dastehst.

Ich bitte dich, nun kurz deine Augen zu schließen und dein Herz zu spüren. Der Mantel hilft dir dabei. Du brauchst ihn nur zu bitten, und er wird dich in allem unterstützen, was du jetzt tun möchtest.

Wenn du dein Herz spüren kannst, dann lass jetzt den Wunsch daraus aufsteigen, was du dir von der Quelle erbitten möchtest.

Bist du so weit?"

Die Hüterin der Quelle führt dich jetzt zum Eingang, der dir durch einen Felsspalt den Weg in das Innere des heiligen Platzes zeigt.

„Liebes Kind, wenn du durch diese Felsspalte gehst, wirst du den heiligen Platz betreten. Du wirst die Quelle sehen, die sich in der Mitte befindet, und den Sorgenbaum, der etwas seitlich davon wächst. Bitte folge jetzt deinem Herzen und lass dich von deinem Mantel unterstützen, denn den Weg darfst du alleine gehen. Lass dir bitte so viel Zeit, wie du brauchst.

Schau dir erst einmal alles in Ruhe an und begib dich dann zur Quelle. Du kannst ihr alles erzählen, was dir auf dem Herzen liegt, und sie alles fragen.

Hier, an diesen besonderen Plätzen, ist es jedoch mit den Unterhaltungen etwas anders als bei euch in der Menschenwelt. Die Worte, die hier gesprochen werden, zeigen sich oft in Gefühlen oder dass du auf einmal eine Antwort in dir spürst. Warte also nicht auf ein Wort, so, wie du es kennst, sondern lausche nach innen.

Wenn du das Gefühl hast, dass du alles mit der Quelle ausgetauscht hast, was für heute möglich ist, dann bedanke dich bei ihr und gehe zum Sorgenbaum. Spüre auch hier noch einmal in dein Herz. Was möchtest du dalassen? Was möchtest du ihm geben? Schau einmal unter deinen Mantel, vielleicht ist da ja schon etwas herausgepurzelt, was die Quelle gelöst hat?

Du kannst auch mit dem Baum sprechen, wenn du möchtest, oder du übergibst ihm einfach alles. Wenn du das gemacht hast, tritt ein Stück zurück und warte.

Es wird etwas Wind aufkommen, der Baum wird anfangen, sich hin- und herzuwiegen, und vielleicht kannst du sehen, wie sich die violette Energie jetzt über dein Gepäck legt. Wie deine Sorgen jetzt beginnen, von innen zu leuchten und sich zu einem wunderschönen Kristall der Zuversicht wandeln.

In dem Moment, in dem der Kristall vom Baum in deine Hände fällt, ist die Aufgabe der Quelle erfüllt.

Diesen Kristall darfst du mitnehmen. Bewahre ihn in deinem Herzen, und immer dann, wenn es wieder einmal schwer ist in deinem Leben, drücke ihn an dich und bitte ihn um Hilfe.

Diese Hilfe kann Kraft sein und Liebe, aber vor allem die Zuversicht, dass, egal, was gerade ist, am Ende des Weges ein Licht auf dich wartet.

Ich lasse dir nun Zeit, wenn du magst, um deine Augen zu schließen und zu spüren. Wir, Theora und ich, wir warten auf dich."

Pause

Wenn du wieder aus der Felsspalte herausgetreten bist, wirst du von Theora und der Hüterin der Quelle empfangen. Die Hüterin begrüßt dich als Erstes und spricht:

„Liebes Menschenkind, bevor wir uns verabschieden, möchte ich dich und deinen Weg segnen. Ich möchte dir auch noch einmal danken, dass du hierhergekommen bist, zu mir und der Quelle. Spüre, wie ich meine Hände über deinen Kopf halte und dich segne. Ich verbeuge mich und verabschiede mich von dir."

Auch Theora verbeugt sich vor der Hüterin und schaut ihr nach. Dann wendet Theora sich dir zu und spricht:

„Ich liebe dich, du Menschenkind. Sieh, du bist gewachsen, und ich mit dir, da du so mutig warst und voller Vertrauen. Magst du mir weiter folgen? Tiefer hinein in die Anderswelt, zu den heiligen Stätten meiner Ahnen? Dann komm."

Die Rose der Gefühle

Hallo, liebes Menschenkind. Schön, dass du da bist. Ich berühre dich mit meinem Horn an deiner Stirn, um dich zu begrüßen. Kannst du mich spüren?

Bist du bereit, gemeinsam mit mir dem Pfad zu folgen? Ja? Dann komm.

Lass uns zu Anfang erst einmal umschauen, den Weg und die Landschaft betrachten. Lass uns einmal bewusst einen Fuß vor den anderen setzen. Kannst du den Boden unter deinen Füßen spüren? Für mich ist er weich und warm. Der Waldboden duftet auch, mmmh, ich atme einmal ganz tief ein. Wie ist es für dich?

Komm, wir gehen weiter, achtsam und aufmerksam, damit wir alles wahrnehmen können.

Schau, dort vorne, ein Stück den Weg entlang, stehen links und rechts die Bäume des Waldes. Sie bilden mit ihren Kronen ein Dach. Ich mag solche Wege, und vielleicht kannst du dir bereits denken, dass es immer etwas zu bedeuten hat, wenn wir auf einen solchen hier in der Anderswelt treffen.

Es ist wichtig, dass du alle deine Sinne auf Empfang stellst. Deine Ohren, um zu lauschen, deine Nase, um zu schnuppern, deine Augen, um zu schauen und deine Haut, um zu fühlen.

Theora wird auf einmal ganz still, ja, ehrfürchtig, und sie geht mit dir bis an den Anfang dieser Allee.

„Liebes Menschenkind", flüstert sie dir zu, „liebes Menschenkind, bleib bitte einmal stehen, hier an diesem Eingang.

Warte noch einen Moment, gleich werden die Bäume uns den Weg zeigen.

Lausche, liebes Menschenkind. Kannst du das Rascheln der Blätter hören? Kannst du den Windhauch spüren, vielleicht als leichtes Kribbeln auf deiner Haut oder als würde dich jemand sanft mit einer Feder streicheln?

Lausche weiter, lausche dem Rascheln und dem sanften Wind. Kannst du die Kinder des Waldes hören, die Elfen mit ihren Glöckchen? Sie spielen in den Blättern und mit dem Wind. Mach einmal deine Augen zu, denn so kannst du alles intensiver hören und fühlen.

Pause

Jetzt öffne deine Augen wieder, aber nur so weit, dass du blinzelst, und dann schau hinauf in die Kronen. Sieh, wie die Blätter leuchten, wie sich ihre Aura zeigt.

Eine Aura ist das unsichtbare Energiefeld, das jedes Lebewesen umgibt. Für die meisten Menschen ist es unsichtbar, aber hier in der Anderswelt und mit offenem Herzen wird alles sichtbar, wenn wir es möchten.

Magst du jetzt noch einmal blinzeln?

Es ist das helle Licht, das die Bäume umgibt. Es zeigt sich in verschiedenen Farben und ist bei jedem Wesen anders. Auch dich umgibt ein solches Feld des Lichts. Kleine Kinder können es noch sehen und fühlen, große Kinder dürfen es erst wieder lernen. Jedes Wesen, das

das Vertrauen und den Glauben verloren hat, darf das „Blinzeln“ erst wieder lernen.

Aber wir sollten jetzt still sein, denn wir bekommen Besuch. Es ist das Wesen dieses Weges, das auf uns zukommt.

Es schwebt über dem Boden, und sein grünes Kleid funkelt im Licht der Sonnenstrahlen, die durch das Blätterdach herunterstrahlen. Jetzt kommen auch die Elfenkinder aus den Bäumen heruntergeschwebt, und sie alle haben Blumenkörbchen dabei, aus denen sie Blütenblätter auf den Weg streuen, um das Wesen des Weges zu begrüßen.

Kannst du die Freude spüren, die die kleinen Elfenkinder dabei haben?

Jetzt kommt auch eins der Elfenkinder zu dir. Es bleibt genau vor deiner Nase stehen und hält dir sein Körbchen hin, damit du den wunderbaren Duft der Blüten schnuppern kannst. Dieser Duft ist einzigartig, so rein und vollkommen.

Wenn wir gleich weitergehen, schnupper ruhig an den Blüten, die auf dem Weg verstreut wurden. Es ist himmlisch, das finde ich jedenfalls.

Das Elfenkind legt gerade seinen Finger auf die Lippen und zeigt mir, dass ich nun wirklich still sein sollte. Es lässt sein Glöckchen erklingen und berührt unsere Ohren, damit wir lauschen.

Lausche, schnuppere, schau und fühle, denn das Wesen des Weges ist jetzt bei uns.“

Das Wesen des Weges spricht:

„Liebe Theora, liebes Menschenkind, ich freue mich, euch hier zu begrüßen. Schon lange war niemand mehr hier, und so haben die Elfenkinder so etwas wie ein kleines Blütenfest gezaubert. Da meine Füße niemals den Boden berühren, sind auch die Blüten unberührt, und ihr könnt nun einen Blick auf den Weg und das Bild werfen, das die Elfen hier gemalt haben.

Wenn ihr genau hinseht, werdet ihr erkennen, dass es Stellen gibt, die freigeblieben sind, und ich möchte euch bitten, nur diese mit euren Füßen und Hufen zu berühren.

Dieser Weg und dieses Bild sind die Vorbereitung auf den heiligen Platz, zu dem ich euch führen möchte.

Durch die Achtsamkeit, die der Weg einfordert, dadurch, dass ihr immer mal wieder stehenbleibt, um zu spüren, zu lauschen und zu schnuppern, kommt ihr ganz in eure innere Mitte.

Liebes Menschenkind, die innere Mitte ist sehr wichtig für das innere Gleichgewicht. Es ist ein unsichtbarer Raum in deinem Bauch, in dem du Ruhe, Frieden und Geborgenheit finden kannst. Ein Raum, der nur dir ganz alleine gehört und den du dir so einrichten kannst, wie du es möchtest. Hierhin kannst du dich zurückziehen, um dich zu erholen, wenn es dir mal nicht so gut geht.

So kann dir die Erinnerung an diesen Weg helfen, immer wieder deine Mitte zu finden.

Liebes Menschenkind, liebe Theora, seid ihr bereit? Ich schwebe voraus und werde am Ende des Weges auf euch warten. Lasst euch so viel Zeit, wie ihr benötigt, wir haben keine Eile.

Pause: Schließe deine Augen und versuche jetzt, diesen Weg zu gehen. Wenn du am Ende angekommen bist, öffne sie wieder und lies weiter.

Es war eine Freude, euch dabei zuzusehen. Nun kommt, ich werde euch in den Garten der Rosen führen. Es ist ein heiliger Ort, und so bitte ich euch, ihm entsprechend zu begegnen.

Wir müssen gleich da vorne, wo der Weg eine Biegung macht, den Weg verlassen. Ich weiß, ihr denkt jetzt vielleicht: Wo soll ich denn weitergehen? Da ist doch nichts. Nur Bäume und Dickicht.

Liebes Kind, wie war das mit dem Vertrauen? Ah, du erinnerst dich?

Gut, und die Übung dazu hat dir Theora schon beigebracht. Ich meine das Sehen im Unsichtbaren. Schließe nun bitte noch einmal kurz deine Augen, dann öffne sie wieder und blinzle. Und? Kannst du etwas sehen oder spüren?

Noch nicht ganz, nehme ich an, denn es braucht noch etwas, damit das Tor sich öffnet. Es braucht die Liebe aus deinem Herzen. Kannst du dir vorstellen, dass du jetzt in deinem Herzen ganz viel Liebe einfließen lässt und diese dann mit dem Wunsch, in den Garten der Ro-

sen zu gelangen, hinausfließen lassen kannst? In dieses Dickicht hinein? Versuche es einmal. Theora wird dich dabei unterstützen.

Siehst du, es war doch gar nicht so schwer. Das Dickicht hat sich zu einem mit Blüten übersäten Tor geformt und gibt nun den Blick auf den Weg frei, den wir vorher ein wenig erblinzelt haben.

Kommt, gehen wir hindurch, denn das Tor wird sich hinter uns wieder schließen, damit der Ort bewahrt bleibt. Wie ihr es öffnen könnt, das wisst ihr ja jetzt.

Liebes Menschenkind, in diesem Garten wachsen Rosen, die die Gefühle der Wesen wiedergeben. Es ist, als würden diese Rosen dir genau zeigen, wie du dich fühlst. Ob etwas nicht stimmt oder alles in Ordnung ist.

Die Rosen zeigen es dir durch ihren Wuchs, ihre Farben, ihre Schwingung und Düfte.

Du kannst also nicht nur sehen, wie du dich fühlst, du kannst auch die entsprechende Farbe dazu wahrnehmen, den Duft und die Schwingung.

Schau, dort drüben sitzt ein alter Mann vor einer Rose. Er sitzt hier schon viele, viele Jahre, denn er will die Rose nicht wirklich sehen. Er ist einsam und möchte seine Lieben zurückbekommen, die er verloren hat.

Schau genau hin, was die Rose versucht, ihm zu zeigen. Sie lässt ihre Blüte so weit herunterhängen, dass sie die Sonne nicht sehen kann, sondern nur den Boden, auf dem sie steht. Ihre Blätter haben ihre Kraft verloren, und aus dem Grün von einst ist nur noch ein Grau übriggeblieben. Die Blütenblätter sind nicht mehr farbig, sondern von leblosem Braun. Sie kann sich auch nicht mehr im Wind wiegen oder gar einen Duft verströmen. Ihre Schwingung ist die Erstarrung, also Stillstand.

Jetzt zeigt die Rose dem Mann, wie es sein könnte, was er tun kann, um wieder glücklich zu sein.

Sie hebt ihre Blüte der Sonne entgegen, und dabei richtet sich auch ihr Stiel wieder auf. Die Sonne gibt ihr Kraft, sie kann den Wind wieder spüren, und sie nimmt wieder Farbe an, immer mehr und mehr, und so wird sie auch von anderen Rosen und Gartenbewohnern gesehen, bekommt Besuch und kann Freundschaften schließen.

Sie zeigt dem alten Mann auch, dass er das Bild, das er so sehr festhält, aus Zeiten stammt, die nie wiederkommen werden. Sie sagt ihm, wenn er wieder Freude und Glück empfinden möchte, er dieses Bild loslassen muss.

In dem Moment, in dem der alte Mann bereit ist, das zu tun, kommt ein Schmetterling, nimmt das Bild und legt es als liebevolle Erinnerung in das Herz des Mannes. So kann er jetzt, da er akzeptiert hat, dass die Vergangenheit nicht wiederkommt, sich aufrichten und mit Hilfe der Rose, die ihm die Schritte gezeigt hat, wieder glücklich werden.

Egal, weshalb die Wesen, sei es aus unserer oder aus eurer Welt, auch kommen, sie werden über die Rose etwas erkennen können und dann, wenn nötig, ein neues Gleichgewicht finden.

Bist du in deiner Mitte und glücklich, dann wird die Rose dir dies zeigen, und sie wird dir auch zeigen, wie du dir das bewahren kannst.

Nun geh, geliebtes Menschenkind, und finde deine Rose. Verbringe so viel Zeit in dem Garten, wie du magst. Theora und ich, wir warten hier auf dich.

Pause

Liebes Kind, du hast deine Rose gefunden und deine Botschaft erhalten? Wisse, wann immer du Hilfe benötigst, kannst du jederzeit hierher zurückkommen. Ich werde da sein, um dich zu führen. So danke ich dir jetzt und segne dich, denn die Zeit des Abschieds ist gekommen."

Theora spricht:

„Ich liebe dich, du Menschenkind. Sieh, du bist gewachsen, und ich mit dir, da du so achtsam warst und voller Vertrauen. Magst du mir weiter folgen? Tiefer hinein in die Anderswelt, zu den heiligen Stätten meiner Ahnen? Dann komm."

Die Blume des Lebens

Hallo, liebes Menschenkind, ich freue mich, dass du wieder bei mir bist. Ich berühre dich mit meinem Horn und schließe für einen Moment meine Augen, um dich zu spüren. Ich fühle ein wenig Traurigkeit in dir, so, als wüsstest du nicht, ob du richtig bist.

Warum zweifelst du an dir? Ich finde dich wundervoll und perfekt. Komm, lass dich einmal ganz in meine Liebe einhüllen. Schau, da vorne ist ein alter Baum, seine Wurzeln sind mit Moos bewachsen und laden dazu ein, uns hineinzusetzen. Kuschel dich an mich, und ich werde dich ganz in meine Liebe einhüllen. Genieße einfach diesen Moment, ich tue es auch.

Die Vögel singen uns ein Lied, der Wind spielt sanft mit dem Blätterdach über uns, und die Sonnenstrahlen schauen hinunter, um uns zu wärmen. Vielleicht magst du auch den Tieren des Waldes zuschauen. Jetzt, wo wir hier so still sitzen, kommen sie eins nach dem anderen wieder heraus. Sie spüren, dass wir ihnen nichts tun werden und ihren Lebensraum achten

Hier verschmilzt eure Welt mit der Anderswelt. Darum sollten die Menschen achtsam durch den Wald gehen, damit sie den Lebensraum nicht verletzen.

Stell dir einmal vor, die Vögel würden durch dein Zimmer fliegen und mit ihren Flügeln so viel Wind erzeugen, dass alles durcheinanderwirbelt, oder sie würden überall etwas aus ihren, na, du weißt schon, fallenlassen. Ich glaube das wäre nicht spaßig, oder?

Nun, die Tiere finden es auch nicht spaßig, wenn die Menschen ihren Müll im Wald liegen lassen oder achtlos überall herumlaufen und den Zwergen die Häuser kaputttreten.

Du kennst die Zwergenhäuser noch nicht?

Die Zwerge bauen ihre Häuser gerne in die Erde hinein, und ihre Eingänge liegen höhlenartig oberhalb. Jetzt stell dir einmal vor, was passiert, wenn jemand genau auf einen solchen Eingang tritt, weil er meint, das sei ein Erdhügel.

Keine Angst, liebes Menschenkind. Die Zwerge werden nicht sterben, weil ihr Hauseingang verschüttet ist. Sie haben immer eine Schaufel dabei und können sich so wieder herausgraben. Aber spaßig ist das nicht.

Schau einmal dort hinten zwischen den beiden Bäumen hindurch. Siehst du die kleinen Hügel? Sieh genau hin, dann kannst du so etwas wie einen Waldgarten erkennen, in Miniformat versteht sich. Vielleicht kannst du sie auch hören, lausche einmal, sie singen. Das Zwergenvolk singt immer, denn es liebt seine Aufgaben und findet, dass diese noch besser zu bewältigen sind, wenn sie bei der Arbeit singen. Die Zwerge sind ein freundliches und fröhliches Volk. Früher, als die Menschen noch eins waren mit unserer Welt, da haben die Zwerge ihnen oft geholfen und die Menschen ihnen.

Immer dann, wenn sich ein Menschenkind wieder erinnert und in Kontakt kommt mit ihnen, feiern sie ein Fest der Freude, nehmen ihre Schaufeln und Haken und stehen bereit.

Jetzt haben sie uns bemerkt. Kannst du ihr Getuschel hören? Sie beraten sich gerade, schauen immer wieder zu uns rüber und ... sie kommen!

Der Älteste geht voran, und die anderen folgen ihm. Sie kommen jetzt direkt auf uns zu.

„Hallo, Theora, wen hast du denn da bei dir?"

Der älteste Zwerg steht jetzt genau vor dir, er holt seine Brille aus der Tasche, schaut hindurch und: ein Menschenkind! „Theora hat uns ein Menschenkind gebracht", ruft er den anderen zu. Schnell kommen sie alle näher. Hab keine Angst, sie werden dich jetzt ein bisschen berühren, denn sie müssen immer alles überprüfen. Spürst du, wie der eine deine Haare in seine Hände nimmt und sogar daran schnuppert, ein anderer schnuppert an deiner Haut, und der nächste klettert an dir hoch, um deine Nase zu begutachten. Und alle rufen jetzt im Chor: „Ja, es ist ein Menschenkind!"

Sofort klatschen sie in die Hände, beginnen zu tanzen und zu singen. Sie schlagen Purzelbäume, und es scheint, als wüssten sie gerade nicht, wie sie sich zuerst freuen sollen. Alles überschlägt sich, weil du da bist. Da kommen auch die Zwergenkinder und die Zwergenfrauen zu dir. Sie tragen Wacholderwein und Brot mit sich. Das ist hier ein Zeichen von Gastfreundschaft, liebes Menschenkind, und du darfst diese Gaben annehmen, doch wisse, sie freuen sich, wenn du ihnen etwas zurückgibst.

Theora zwinkert dir zu und flüstert: „Sie lieben Musik, wenn du magst, dann sing ihnen ein Lied."

Oh, da hat ein Zwerg gelauscht und es weitererzählt. Ja, so sind sie, die Zwerge, überall ein Ohr und nichts für sich behalten. Ich fürchte, du musst jetzt singen. Schau, sie setzen sich schon alle im Kreis um uns herum, um dir zu lauschen. Auch ich lehne mich zurück, um dein Lied zu genießen.

Pause: Wenn du magst, darfst du singen.

Oh, das war aber schön. Danke sehr, liebes Menschenkind. Sieh, auch die Zwerge bedanken sich. Jeder kommt jetzt zu dir, verbeugt und verabschiedet sich. Dann gehen sie zurück zu ihrer Arbeit, jeder an seinen Platz.

Es ist nun auch für uns an der Zeit, weiterzugehen. Ich fühle, dass es dir besser geht und Freude in deinem Herzen ist.

Heute möchte ich dich an einen Platz führen, den die Einhörner bewahren und der uns vor langer Zeit als Unterrichtsraum gedient hat. Heute darf ich dich dort hinführen und dir davon erzählen.

Dort drüben ist unser Pfad durch die Anderswelt. Das Singen der Zwerge wird immer leiser, je weiter wir voranschreiten, und auch die Energien verändern sich. Je näher wir kommen, umso deutlicher kannst du die Energie der Einhörner fühlen. Meine Energie kennst du ja. Die Energie der Einhörner ist fast die gleiche, nur viel stärker.

Jetzt kommen wir an ein Tor. Es wird sich öffnen, wenn ich es mit meinem Horn berühre. Du musst dich jetzt genau unter den Torbogen stellen. Hier wird die Energie des inneren Raums deiner angepasst, damit sie nicht zu stark für dich ist und du dich behütet, geliebt und geborgen fühlen kannst. Wenn die Blume über dir ihre Knospe öffnet, ist der innere Raum perfekt abgestimmt, und wir können eintreten.

Bitte zieh hinter dem Tor deine Schuhe aus. Sieh, dort ist ein Fußbecken, eine kleine Bank, ein Handtuch, und goldene Sandalen stehen für dich bereit. Bitte wasche deine Füße und zieh die Sandalen an.

Diese Waschungen haben nichts damit zu tun, ob du schmutzige oder saubere Füße hast, es ist vielmehr so etwas wie eine Verneigung vor diesem heiligen Raum. Ich sage bewusst heilig, weil dieser Raum für uns Einhörner heilig ist.

Ich führe dich jetzt entlang des überdachten Ganges, der das Innere des Platzes umsäumt. Wie du vielleicht schon bemerkt hast, ist hier alles rund.

In der Mitte steht der Baum des Lebens. Er steht dort seit Anbeginn aller Zeiten. Einst, als die Welt ihren Ursprung nahm, wurde der Samen dieses Baums als göttliche Frucht aus dem Garten Eden heruntergebracht und hier eingepflanzt. Er soll uns und die Menschen, die hierherkommen, daran erinnern, dass alles in allem enthalten ist. Dass wir alle aus dem Göttlichen stammen, und wenn die Zeit gekommen ist, dahin zurückkehren können.

Schau dir den Baum in der Mitte des Platzes in aller Ruhe an und lass ihn und seine Ausstrahlung auf dich wirken. Vielleicht magst du dein Herz öffnen und seine Energie und Liebe spüren. Sieh, ich tue es auch, und es ist immer wieder ein besonderer Augenblick.

Hörst du das leise Läuten eines Glöckchens? Es erscheinen nun helfende Wesen und stellen Bänke um den Baum herum im Kreis auf, doch lassen sie viel Platz zwischen den Bänken und dem Baum. Kannst du die Kinder hören? Überall öffnen sich die Tore, und Kinder aus beiden Welten treten ein in diesen heiligen Raum, waschen ihre Füße, so, wie du es getan hast, und erhalten goldene Sandalen. Sie alle werden geführt von meinen Geschwistern, den Einhörnern.

Ich habe sehr viele Geschwister, denn wir Einhörner sind eine einzige große Familie und nicht getrennt wie bei euch. Wir leben zwar auch in kleinen Gruppen zusammen, und jede Gruppe hat eine besondere Aufgabe, doch alle zusammen sind wir Brüder und Schwestern.

Es wird nun Zeit, die anderen Kinder haben bereits Platz genommen, und wir sollten es ihnen gleichtun. Das Glöckchen erklingt wieder, und ein weiteres Tor öffnet sich. Dort tritt nun Merlin heraus. Er ist Hüter und Lehrer für vieles in unserer Welt, bewahrt das Wissen aller Zeiten gemeinsam mit uns Einhörnern und tritt jetzt in die Mitte, um alle zu begrüßen.

Merlin spricht:

„Seid gegrüßt, ihr Kinder aus beiden Welten. Ich freue mich, dass ihr so zahlreich erschienen seid, um meinen Worten zu lauschen. Seht diesen Baum, den Baum des Lebens. Er ist das Symbol der Schöpfung, also der Entstehung allen Lebens. So steht er nicht nur für die unsichtbare, sondern auch für die sichtbare Welt.

Ich möchte euch heute von der Einzigartigkeit eines jeden erzählen, auch davon, dass das göttliche Samenkorn in jedem von euch wohnt. Aus diesem Samenkorn ist der Baum gewachsen, und er verbindet Mutter Erde und den Himmel, das ganze Universum miteinander. Er stellt auch die Verbindung der Kommunikation her.

Stellt es euch so vor: Die Baumkrone ist in den Himmel hineingewachsen, und die Äste öffnen sich wie ein Trichter, so kann die Botschaft aus dem Himmel hineinfließen in den Baum und hinunter in die Erde. Die Erde gibt sie dann weiter an alle Wesen, die bereit sind, zu hören.

So schenkt uns der Baum des Lebens in diesem heiligen Raum dieses Bild, damit ihr es sehen könnt. Schaut einmal hinauf, seht, wie er wächst und wächst und sich in den Himmel hinein öffnet. Dann seht, wie sein Stamm jetzt durchsichtig wird, damit ihr erkennen könnt, wie die Botschaft in die Erde fließt. Seht ihr, wie die goldene Energie durch die Adern des Baumes fließt und weiter in die Wurzeln? Jetzt wird ein weiteres Bild sichtbar, die goldenen Wurzeln formen sich zu einem großen, mächtigen Kreis, und in der Mitte dieses Kreises zeigt sich jetzt die Blume des Lebens.

Die Blume des Lebens enthält alles, was ein Lebewesen braucht. Sie enthält das Samenkorn in der Mitte, das in vollkommener Harmonie eingebettet ist. Alles ist miteinander verbunden, nichts ist getrennt. Alle Möglichkeiten, alle Talente, alle Lebensadern sind in ihr enthalten, und alles erstrahlt im goldenen Licht des Himmels.

Liebe Kinder, die Blume des Lebens ist auch in euch. Geht auf Entdeckungsreise und lernt eure Blume des Lebens und somit euch selbst kennen.

Lasst uns eine kleine Übung machen:

Schließt bitte einmal die Augen, und dann stellt euch vor, wie in eurem Inneren eine Rutschbahn entsteht. Setzt euch darauf und rutscht hinunter. Ihr werdet genau in der Mitte eurer Blume des Lebens auskommen. Hier könnt ihr euch hineinkuscheln in den Kern, euch geborgen und gewärmt fühlen. Hier könnt ihr euch selbst fühlen, so, wie ihr tief in eurem Inneren seid.

Ja, das bist du!

Jetzt schau dir einmal die Blume an. An allen Schnittpunkten, also dort, wo sich die Linien kreuzen oder berühren, sitzen kleine Funken, kleine goldene Lichter. Manches Licht leuchtet vielleicht schon, andere Lichter sind noch im Verborgenen und schlafen. Jedes Licht steht für dich und deine Talente, deine Fähigkeiten, deinen Lebensausdruck und deine Lebensaufgabe. Sie alle zusammen bilden eine Einheit. Sie gehören zusammen und stützen und stärken sich gegenseitig, und somit auch dich.

Schau einmal, was alles schon bei dir ist und was noch zu dir kommen möchte, was du, wenn du bereit bist, entdecken kannst. Es geht hier nicht nur darum, ob du gut rechnen oder schreiben kannst, nein, es geht auch um Mitgefühl, Achtsamkeit und Herzenswärme. All das ist in dir, du brauchst es nicht woanders zu suchen. Alle Antworten und Fähigkeiten, die du brauchst für dieses Leben mit seinen Aufgaben und Herausforderungen, sind hier gespeichert.

Fühle einmal hinein in deine Blume des Lebens, und dann sieh, wie du dich jetzt nach oben öffnen, mit deinen Armen hineinwachsen kannst in den Himmel, und wie das goldene Licht auch durch dich fließt und in die Erde hinein, um alles zu aktivieren, was du gerade brauchst.

Wann immer du eine Antwort brauchst, liebes Kind, wann immer du nicht weiterweißt oder Unterstützung möchtest, rutsche hinunter in deine Mitte, öffne dich wie der Baum und bitte das goldene Licht, dir zu helfen.

Zweifel nicht an dir, sondern nimm dich so an, wie Gott dich gewollt hat.

Schaut euch nun einmal gegenseitig an. Könnt ihr das Licht und das Leuchten im anderen erkennen? Ist das nicht wunderschön?

Wann immer es in eurem Leben einmal nicht so ist, wie ihr es gerne hättet, euch ein Mensch, sei er nun groß oder klein, vielleicht nicht in Liebe begegnet, euch vielleicht unrecht tut oder euch verletzt, besinnt euch auf *euer Licht und erinnert euch: Egal, was der andere auch sagt, ich bin richtig.*

So nehmt das Geschenk der Blume des Lebens mit. Ich danke euch, liebe Kinder aus beiden Welten, und ich freue mich, wenn ihr wiederkommt und ich euch etwas anderes zeigen kann. So geht nun durch die Tore, die sich hinter euch schließen werden, um diesen heiligen Ort zu bewahren."

Theora spricht:

„Merlin steht immer noch in der Mitte des Platzes und wartet, bis alle gegangen sind, so auch wir.

Komm, geliebtes Menschenkind, ich führe dich hinaus und auf den Pfad, der dich wieder nach Hause bringt.

Ich liebe dich, du Menschenkind. Sieh, du bist gewachsen und ich mit dir, da du nun weißt, dass du richtig bist und deine Blume des Lebens sehen durftest.

Magst du mir weiter folgen? Tiefer hinein in die Anderswelt zu den heiligen Stätten meiner Ahnen? Dann komm."

Der Garten der schwingenden Räder

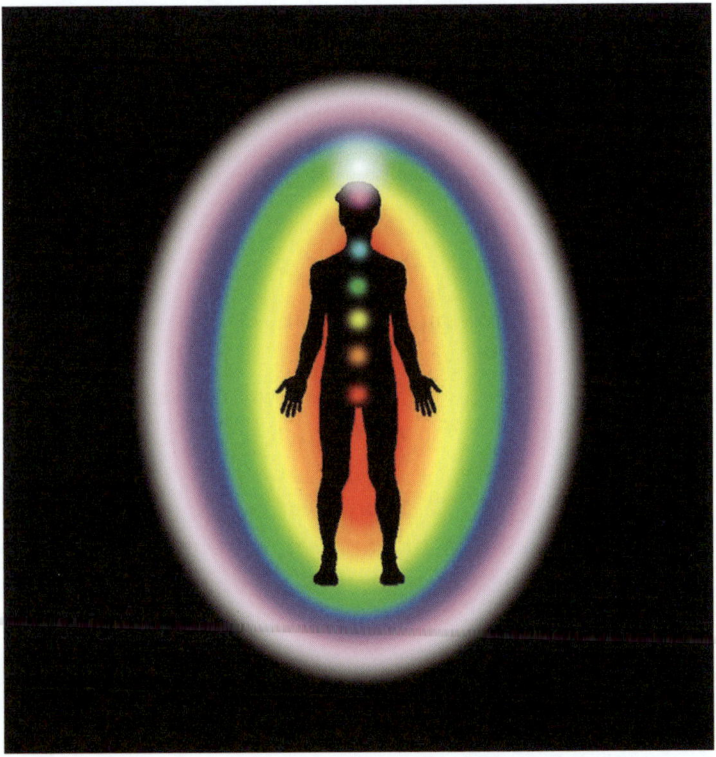

Hallo, liebes Menschenkind, schön, dass du wieder da bist. Es ist immer wieder schön, wenn du kommst und ich dich weiterführen darf, hinein in meine Welt, und ich glaube, es fällt dir jetzt auch schon leichter, aus deiner Welt in meine zu kommen, oder?

Ich begrüße dich wieder, indem ich dich mit meinem Horn berühre und eine kleine Weile gemeinsam mit dir atme. Mmmh, ich atme noch einmal ganz tief ein, schnuppere deinen Duft und werde eins mit dir. Spürst du auch, wie wir immer mehr zusammenwachsen? Und findest du es genau so schön wie ich?

Lege deine Hand auf meinen Hals, wir schlendern ein wenig auf unserem Pfad durch die Anderswelt. Sei wieder ganz achtsam, du weißt schon, den Boden unter deinen Füßen spüren. Magst du heute vielleicht einmal hüpfen? So kannst du noch viel besser mit der Erde in Kontakt kommen. Ja, lass uns ein Stück den Weg entlanghüpfen.

Was für eine Freude, doch jetzt sollten wir ein wenig verschnaufen. Ein wenig anhalten, vielleicht kurz die Augen schließen und dann noch einmal in die Fußsohlen hineinfühlen. Bei mir kribbelt es, und meine Füße sind ganz warm. Wie ist es bei dir?

Ich nehme noch einmal einen tiefen Atemzug und schaue dann in die Landschaft, die unseren Pfad umsäumt. Sieh, da in den Bäumen sitzt der kleine blaue Vogel wieder. Kennst du ihn noch, er hat uns schon einmal begleitet, und da sitzen noch viele andere Vögel. Ich sehe einen gelben, einen roten, einen grünen, einer hat orangefarbene Federn, dort hinten sitzt ein weißer, und auf der anderen Seite sehe ich einen Vogel mit violettem Gefieder.

Liebes Menschenkind, ich freue mich so, denn jetzt weiß ich, wohin ich dich führen darf. Komm mit, es ist ein ganz besonderer Ort, denn zu all den Farben, die die Vögel in ihrem Gefieder tragen, gehört noch eine Menge mehr, und das darf ich dir alles zeigen.

Komm, wir folgen dem Pfad, tief hinein in den Wald der Anderswelt, und die Vögel begleiten uns, zeigen uns den Weg.

Hörst du auch die Bäume, sie rascheln mit ihren Blättern, und kannst du auch sehen, wie sich die Farben im Wald verändern? Wie die Baumkronen sich ein wenig nach hinten biegen, um den Himmel und die Sonne, aber auch den Mond und die Sterne hierher einzuladen? Sie machen Platz, damit ihre Energien bis auf den Boden herunterreichen und sich entfalten können.

Jetzt formen sich diese Energien in den Farben des Regenbogens zu einem kleinen, wolkenähnlichen Teppich. Wir stehen jetzt genau davor. Was meinst du? Möchtest du einmal in Kontakt kommen mit diesem Wolkenteppich? Möchtest du vielleicht erst einmal ganz vorsichtig deinen Fuß daraufsetzen?

Und? Gehen wir hindurch, durch all diese Farben, die sich über den Weg gelegt haben? Der Boden ist immer noch da, nur ein wenig unsichtbar, aber das kennst du ja schon.

Liebes Menschenkind, ich weiß, wir sind erst in der Mitte des Weges, doch lausche einmal. Hörst du den Gesang? Es ist für mich, als hätte der Himmel sich geöffnet und die Chöre der Engel würden für uns singen.

Der Gesang geht direkt ins Herz. Ich bin so berührt, denn ich habe den Chor der Engel schon so lange nicht mehr gehört, dass ich schon fast vergessen habe, wie es sich anfühlt. Warte bitte noch eine kleine Weile, ich möchte hier noch etwas stehen, lauschen und fühlen.

Pause

Danke, liebes Menschenkind, dass du auf mich gewartet hast. Ich liebe dich, danke. Sieh nur, da vorne kommt ein Wesen auf uns zu. Es ist Merlin, der große Weise. Er wandelt zwischen den Welten und ist in beiden zu Hause. In den Zeiten, in denen er als Mensch auf der Erde gelebt hat, machte er irdische Erfahrungen, die ihm heute helfen, die Menschen besser zu verstehen.

Das ist der Unterschied zwischen den Engeln und den lichtvollen Wesen, die als Aufgestiegene Meister bekannt sind. Die Engel waren nie als Mensch auf der Erde, sondern immer nur im Geistigen, also im Himmel zu Hause. Die Aufgestiegenen Meister jedoch haben erst viele Leben als Mensch verbracht, bevor sie erleuchtet wurden und in die Geistige Welt gegangen sind. Dort sind sie jetzt zu Hause und helfen den Menschen, wenn diese sie darum bitten.

Alle Wesen, die für euch im Unsichtbaren leben, möchten gebeten werden. Sie dürfen nicht einfach etwas für dich tun, ohne dass du sie darum gebeten hast. Denn das, was du möchtest, ist dein freier Wille, und den müssen alle Wesen achten.

Doch achte darauf, wenn du Hilfe oder einen Rat möchtest, dann bitte immer nur in die lichtvolle Welt hinein. Hier ist alles rein und in Liebe. Hier kann dir nichts geschehen.

Merlin spricht:

„So ist es, ihr lieben Menschenkinder. Ich grüße euch mit meinem Herzen und freue mich, dass ich euch jetzt in den Garten der schwingenden Räder begleiten darf. Kommt, es ist alles bereit und erwartet euch."

Jetzt gehen wir gemeinsam mit Merlin den Rest des Wolkenweges. Vor uns liegt eine wunderschöne Lichtung. Alles hier ist ganz besonders hell und leuchtend. Über allem liegt der Gesang der Engel, auch wenn dieser nicht mehr zu hören ist. Zu spüren ist er aber hier ganz besonders. Liebes Menschenkind, so ist das mit den besonderen Orten, mit den heiligen Plätzen aus meiner Welt. Eine solche Stimmung und Schwingung kannst du nur hier oder in dir selbst finden.

Wir sind da. Merlin steht in der Mitte der Lichtung und bedeutet uns, zu warten. Er hebt die Arme und seinen Stab in den Himmel und ruft die Elemente. Er ruft *die Erde, das Feuer, das Wasser und die Luft. So ruft er auch die Himmelsrichtungen: den Osten, den Süden, den Westen und den Norden. Er öffnet den Äther, um alles zu verbinden.*

Aus all diesen Energien formt sich jetzt der Garten. Um die Mitte herum entstehen sieben verschiedene Gartenzimmer, und jedes hat eine andere Farbe. So kommen jetzt auch die Vögel, und jeder Vogel geht zu seinem Zimmer, seinem Element. Ist das nicht wunderschön?

Merlin winkt uns zu sich, ich glaube, er möchte dir alles zeigen und erklären. Geh nur, ich begleite dich bis zum Eingang und warte dort auf dich, bis du wieder herauskommst.

Merlin spricht:

„Liebes Kind, sieh die sieben verschiedenen Gartenzimmer. Sie stehen als Symbol für die sieben Energieräder, die auch Chakren genannt werden. Diese Energieräder sind in jedem Lebewesen, also auch in dir. Sie sind unsichtbar, doch feinfühlige und hellsichtige Menschen können sie spüren oder sogar sehen.

Diese Räder helfen dem Menschen, glücklich und zufrieden, im Einklang mit sich, seinem Körper und seiner Seele zu leben. Wenn diese Räder jedoch gestört werden und nicht mehr frei schwingen können, gibt es Probleme in eurem Leben. Doch du darfst dich heute pudelwohl fühlen. Du darfst alle Energien kennenlernen und deine eigenen so richtig in Schwung bringen. Magst du es ausprobieren? Dann komm.

***

Ich führe dich als Erstes zu dem roten Zimmer. Es ist das erste Energierad in deinem Körper und steht in direkter Verbindung mit Mutter Erde und ihrem Element. Die Farbe Rot gibt Kraft und macht dich stark. Geh hinein in dieses Gartenzimmer und setze oder stelle dich in seine Mitte. Fühle die Erde unter dir und auch die Schwingung. Mutter Erde liebt die Trommeln, und wenn du ein wenig lauschst, kannst du sie vielleicht hören oder sogar fühlen. Wenn du magst, kannst du dich jetzt auch dazu bewegen, also tanzen, vielleicht so, wie du es aus Indianerfilmen kennst.

Dann lege dich auf den Boden und ruhe dich ein wenig aus. Schau dir dann auch die roten Blumen an und entdecke die Kräuter, die hier wachsen. In einer Ecke findest du auch Edelsteine, die zu Mutter Erde gehören und den Menschen helfen können, wenn ihnen die Kraft und das Vertrauen fehlen.

**

Das nächste Zimmer hat die Farbe Orange. Es macht alles lebendiger und leichter. In diesem Garten fließt alles anders als bei Mutter Erde. Hier ist das Element Wasser zu Hause. Wenn du magst, kannst du dich auf das

Wasser legen und dich tragen lassen. Alles, was schwer ist, kannst du dem Wasser übergeben und es bitten, dich wieder leicht zu machen. Hier zeigt sich alles in der Farbe Orange, und auch in diesem Garten gibt es bestimmte Blumen und Kräuter sowie Edelsteine, die den Menschen helfen können, lebendiger zu werden. In diesem Zimmer gibt es auch keine Trommeln, sondern leichte, harmonische Musik, die dich einlädt, mit deinen Hüften zu rollen und zu träumen. Zudem weckt sie deine Kreativität. Vielleicht hast du jetzt Lust zu malen?

**

Wenn du so weit bist, führe ich dich zum nächsten Zimmer, in dem alles sonnengelb strahlt. Es ist angenehm warm, die Energie schenkt dir Freude und Lebendigkeit. Sie weckt deine innere Kraft und hilft dir dabei, du selbst zu sein. Stell dich einmal in die Mitte des Gartenzimmers und lass die Farbe Gelb und ihre Energie in deinen Körper hineinströmen, bis kurz vor deinem Bauchnabel. Hier ist das dritte Rad zu Hause. Wenn die Energie hier einströmt, wird das Rad sich öffnen und drehen. Du bist dann ganz mit dir selbst verbunden.

Auch hier gibt es wieder Blumen, Kräuter und Edelsteine, die den Menschen helfen können.

Wie fühlst du dich jetzt? Deine ersten drei Räder sind nun voll aktiv und drehen sich harmonisch in dir.

**

Ich führe dich nun in den grünen Garten, der hier und da auch rosa schimmert. Es ist der Garten des Herzens. Hier sind die Liebe und das Mitgefühl zu Hause. Das Herz ist das vierte Rad und verbindet meine Welt mit deiner. Es verbindet auch die Menschen auf der Erde untereinander, wenn sie sich hierfür öffnen. Ein Mensch mit einer starken Herzensenergie begegnet dir immer in Liebe und mit sehr viel Wärme. Am besten kannst du es sehen, wenn eine Mutter ihr Kind in den Arm nimmt, dann fließt so viel Liebe.

Der Garten ist grün, weil Grün die Energie der Heilung ist. So sendest du nicht nur Liebe aus deinem Herzen, sondern auch immer, wenn du es öffnest, Heilenergie. Dieses Rad schwingt auf dem Element Luft. Es schwebt also ganz leicht, und es liebt die Musik der Geige. Setze dich für eine Weile in die Mitte dieses Gartens und lass dich in deinem Herzen berühren. Lausche und fühle.

Der Garten des Herzens möchte dir auch etwas schenken. Du darfst dir aussuchen, was du mitnehmen möchtest, denn auch hier gibt es Blumen, Kräuter und Edelsteine, die das Rad unterstützen.

**

Nun bringe ich dich zu dem blauen Garten, und der blaue Vogel wartet schon. Kannst du ihn hören, er singt bereits, als wollte er der ganzen Welt etwas erzählen, und genau darum geht es hier. Das fünfte Rad befindet sich in deinem Hals und unterstützt dich dabei, deine

Wahrheit auszusprechen. Wenn dieses Rad nicht richtig schwingt, fällt es den Menschen schwer, zu sprechen. Es geht darum, dass du ganz klar sagen kannst, was du möchtest und was nicht.

Auch hier unterstützen dich wieder die anderen Räder. Die Erde gibt dir Kraft und Vertrauen, das zweite Rad gibt dir die Kreativität und den Fluss, das dritte Rad transportiert deine Wahrheit, und das Herz würzt alles mit Liebe, damit die Menschen das, was du zu sagen hast, annehmen können.

Wenn du magst, probiere es ruhig einmal aus. Lass die Energien von deinen Füßen deinen Körper hinaufsteigen, und dann singe oder sprich das, was gerade heraus möchte. Du darfst auch laut sein.

Und, wie war das? Ich denke, wenn du ein wenig übst und dir noch etwas mehr Vertrauen von Mutter Erde holst, geht es immer besser.

Du kannst auch hier Blumen, Kräuter oder Edelsteine finden, die dich und die Menschen unterstützen.

**

Wir kommen jetzt in den sechsten Garten. Hier ist alles violett, und obwohl es im ersten Augenblick vielleicht etwas dunkel erscheint, kannst du, wenn du dich darauf einlässt, eine unglaubliche Weite entdecken. Hier ist alles still, angenehm still. Eine Stille, die dich einlädt, auch in die Stille zu kommen und den Blick nach innen zu richten. Das sechste Rad befindet sich zwischen deinen beiden Augen, genau in der Mitte, man nennt es auch das Dritte Auge.

Dieses Rad öffnet sich, damit du in die Welt des Unsichtbaren eintauchen kannst. Hier sind das innere Wissen und die Hellsichtigkeit zu Hause. Vielleicht kennst du das innere Wissen ja schon. Du weißt einfach, dass es so ist. In diesem Rad ist aber auch die Spiritualität zu Hause, hier beginnt für viele Menschen, wenn sie sich öffnen, der Weg zur Erkenntnis und Erleuchtung - die Treppe hinauf in den Himmel.

Weißt du noch, wie Theora dich jedes Mal begrüßt? Sie legt ihr Horn auf dein Drittes Auge, und vielleicht kannst du deshalb alles so wahrnehmen und sehen.

Wenn du also etwas siehst, was andere nicht sehen, dann vertraue darauf, dass du richtig bist, auch wenn die anderen Menschen es nicht verstehen und glauben, du würdest träumen.

Bewahre dir deine Wahrheit in deinem Herzen. Es wird die Zeit kommen, in der du davon erzählen kannst. Du wirst Menschen treffen, die offen sind und dich nicht auslachen. Denke immer daran, geliebtes Kind, du bist genauso, wie Gott dich haben wollte.

**

Es gibt noch den weißen Garten und das siebte Rad. Hier ist alles in ein weißes, goldenes Licht getaucht. Auch hier ist es ganz still, denn dieses Rad öffnet und schwingt *direkt in den Himmel hinein. Hier wirst du von den Engeln berührt, sie warten schon auf dich.*

Komm, geliebtes Kind, gerade spricht ein Engel: „Ich möchte dich mit meinen Flügeln umarmen und mit dir hinauffliegen auf die Ebene der Engel, wenn du es möchtest. Ich möchte dir einen Teil meines Himmels zeigen, den du jetzt sehen darfst. Es wird nichts geschehen, was du nicht willst.

Öffne deine Räder, und dann sage mir, was ich für dich tun darf, und es wird geschehen. Wisse jedoch, ich kann nur die Dinge für dich tun, die dich alleine betreffen, sobald dein Wunsch noch andere Menschen mit einbezieht, kann ich nur dein Herz halten und dich unterstützen, einen Weg zu finden."

Pause

Theora und Merlin sitzen in der Mitte des Platzes und genießen die Schwingung der Räder. Sie warten auf dich und freuen sich mit dir, dass du das jetzt erleben kannst.

Wenn du wieder zurück bist im weißen Garten, gehen sie dir entgegen, nehmen dich liebevoll in die Arme und halten dich.

Merlin spricht:

„Liebes Kind, das sind die Räder, die ein jedes Wesen in sich trägt. Bewahre sie, komme immer wieder hierher

und bringe sie ins Gleichgewicht, dann wird dein Leben leicht sein, und du wirst alle Herausforderungen gut meistern und daran wachsen. Gewachsen bist du auch jetzt schon, da du so viel erlebt hast.

Ich danke dir, dass ich dich führen durfte. Ich segne dich und deinen Lebensweg."

Merlin verbeugt sich, verabschiedet sich auch von Theora und geht zurück auf die Ebene der Aufgestiegenen Meister.

Theora spricht:

„Ich liebe dich, du Menschenkind. Sieh, du bist gewachsen, und ich mit dir, da du dich geöffnet hast und im Gleichgewicht schwingst. Magst du mir weiter folgen? Tiefer hinein in die Anderswelt zu den heiligen Stätten meiner Ahnen? Dann komm."

Die Lagune der Delfine

Hallo, liebes Menschenkind, ich freue mich, dass du wieder da bist und wir gemeinsam ein Stück weiter eintauchen in meine Welt. Lass dich mit meinem Horn an deinem Dritten Auge berühren und uns zur Begrüßung gemeinsam atmen. Mmmh, ich liebe es, dich so zu fühlen und mit dir in Kontakt zu kommen.

Heute ist ein wunderschöner Tag. Die Luft ist klar und rein, fast so, als hätte sie jemand gesiebt. Was, du glaubst nicht, dass wir Luft sieben können? Soll ich es dir zeigen?

Gut, ich erkläre es dir, und dann zeige ich es dir. Zuerst schließe ich meine Augen, gehe in meine Mitte und atme, bis ich ganz bei mir bin. Jetzt lasse ich die Energie der Reinheit und Klärung in mich einströmen, und dann gebe ich sie mit meinem Horn weiter. Ich bleibe die ganze Zeit mit meiner Aufmerksamkeit dabei, bis ich sehe und fühle, dass die Luft, die ich säubern wollte, ganz rein ist.

Zuerst müssen wir schauen, ob wir noch etwas Staub finden. Vielleicht dahinten, wo die Blumen blühen. Komm, wir fragen sie einmal, ob sie uns ein wenig mit ihrem Blütenstaub einnebeln.

Die Blumen sind wunderschön und so groß. Blaue, rote, gelbe und einige in den Farben des Regenbogens. Magst du sie um ihren Blütenstaub bitten? Dann tu es bitte und sag ihnen auch, dass ich ihren Blütenstaub den Wesen des Windes übergeben werde, damit sie ihn mitnehmen zu anderen Blumen und somit ihr Fortbestand gesichert ist.

Puh, sie meinen es aber gerade sehr gut. Ich kann ja kaum noch atmen, so viel Blütenstaub schenken sie uns. Kannst du auch die Freude spüren, mit der sie uns beschenken?

Komm, wir treten ein wenig zurück, und dann beginne ich, die Energie zu erzeugen. Du brauchst nur zu schauen, was geschieht.

Hast du gesehen, dass erst die Wesen des Windes da waren und den Staub aufgesammelt haben, um ihn wegzutragen? Erst danach fing die Energie der Reinigung und Klärung die restlichen Staubkörner ein, bündelte sie und trug sie davon.

Atme einmal die Frische und Klarheit. Ist das nicht wunderbar?

Wenn du irgendwann einmal dazu bereit bist, werde ich oder jemand, den ich dir schicke, dir zeigen, wie auch du das tun kannst. Doch jetzt möchte ich, dass wir uns bei den Blumen bedanken und dann unserem Pfad folgen, der uns immer tiefer in die Anderswelt zu einem besonderen Platz führt. Es sind immer besondere Plätze, die ich dir zeigen möchte.

Halte dich wieder an meiner Mähne fest oder lege deine Hand einfach auf meinen Hals, und los geht's.

Lass uns ein wenig schweigen und den Weg genießen. Du weißt schon, ihn fühlen, riechen usw. Beobachte einmal, ob du die Unterschiede sehen oder fühlen kannst, denn die Energien verändern sich nach jeder Wegbiegung, und auch das Bild verändert sich. Schau einfach, genieße und schweige eine Weile mit mir.

Danke, liebes Menschenkind, für diesen Teil des Weges, den wir geschwiegen haben. Ich habe ihn sehr genossen, und ich hoffe, du auch. Ich liebe dich dafür, dass du dich so von mir führen lässt. Es ist mir eine große Freude, und so möchte ich dich heute an einen Ort führen, der auch dir, so hoffe ich, große Freude bereiten wird.

Es ist nicht mehr weit, nur ein paar Wegbiegungen, und wenn du aufmerksam bist, kannst du vielleicht schon das Rauschen des Meeres hören. Lausche einmal. Ja, auch die Luft verändert sich, sie duftet nach Salz, und wenn ich mir mit meiner Zunge jetzt über die Nase lecke, kann ich das Salz auch schmecken. Willst du es auch einmal probieren? Das Wasser verdunstet in der Sonne, die Luft trägt das Salz und legt es auch auf unsere Haut. So kommt das Salz zu uns.

Der Weg wird hier ein wenig anstrengend, ich hoffe, du schaffst es. Wenn nicht, kannst du dich gerne auf meinen Rücken setzen, und ich trage dich die Anhöhe hinauf. Noch ein paar Schritte... geschafft. Wir sind oben. Puh, ich möchte hier ein paar Atemzüge verschnaufen. Du auch? Komm, wir setzen uns in das Gras und ruhen uns aus. Fühlst du die Sonne und den Wind auf deiner Haut? Ich mag das sehr. Besonders wenn die Wesen des Windes anfangen, mit meiner Mähne zu spielen. Nur wenn sie übermütig werden, muss ich Stopp sagen, dann *wird es mir zu viel, und meine Mähne verknotet sich. Also pass auf deine Haare auf und denke daran: Wann immer dir etwas zu viel ist oder dir nicht guttut, darfst du Stopp sagen. Wie soll dein Gegenüber wissen, wie du dich fühlst, wenn du es nicht sagst?*

Jetzt fühle ich mich wieder gut und würde dir gerne etwas zeigen. Wie ist es mit dir? Schön, du bist startklar, dann komm. Hier vorne geht ein schmaler Weg nach unten. Es ist so, als würden wir in eine Spalte des Berges hinabsteigen, und je tiefer wir kommen, desto höher sind rechts und links die Hügel. Sie können dich nicht verletzen, sie sind aus Sand und Lehm und grasbewachsen. Hier und da lädt dich auch ein Grasbüschel ein, dich an ihm festzuhalten, damit du nicht ins Rutschen kommst.

Obwohl, warte mal, das wäre doch ein Spaß. Vertraust du mir? Du brauchst auch ein wenig Mut und Abenteuerlust. Was meinst du? Ok, wir machen es zusammen. Du kannst dich wieder auf meinen Rücken setzen und dich an meiner Mähne festhalten. Wenn du so weit bist, gib mir ein Zeichen, und los geht's.

Wir rutschen den Berg hinunter, legen uns in die Kurven, kommen dem Wasser immer näher und – sausen hinein.

Bist du noch da? War das ein Spaß. Komm, ich trage dich ans Ufer. Dort können wir uns schütteln und von der Sonne und dem Wind trocknen lassen. Ich bin noch ganz aufgeregt, so viel Freude hat es mir gemacht, und ich genieße ein Weilchen dieses Gefühl.

Liebes Menschenkind, fühlst du die Veränderung der Energien? Ich glaube, wir bekommen Besuch.

Schau einmal auf das Wasser, dort hinten kommen meine Freunde, die Delfine, direkt auf uns zu. Komm mit, wir gehen sie begrüßen. Du kannst sie ruhig streicheln, wenn du das magst, sie werden dir nichts tun. Sie begleiten die Menschen schon von Anbeginn der Zeit. Sie sind alte Seelen und können dir in vielen Dingen helfen, wieder in die Freude und Leichtigkeit zu kommen. Aber auch altes Wissen tragen sie mit sich, das sich dir zeigt, wenn du ihnen lange und tief in die Augen schaust.

Vor langer, langer Zeit gab es eine Zivilisation, die wir Atlantis nannten. Hier waren die Delfine und auch wir Einhörner zu Hause. Wir lebten und arbeiteten mit den Menschen. Hier war eine lange Zeit alles in Harmonie, so, wie es immer und überall auf eurer Welt sein sollte. Doch irgendwann kam das Dunkle, und somit die Gefühle von Angst, Neid und Missgunst. Auf einmal wollten die Menschen besser sein als die anderen, wollten sich auch über uns stellen und rutschten immer mehr aus ihrem Herzen und in die Dunkelheit. So fingen auch die Verbindungen in den Himmel und in die Erde an, immer schwächer zu werden. Irgendwann wurden das Land und die Zivilisation Atlantis durch einen Vulkan im Meer zerstört und gingen unter. Heute, in deiner Zeit, gibt es nur noch die Legende von Atlantis. Viele Menschen glauben nicht mehr daran, dass es dieses Land einmal gegeben hat, doch ich und die Delfine, wir wissen es, und dieses Wissen haben wir gerade mit dir geteilt.

Die Delfine sind gekommen, um dich mitzunehmen, wenn du magst. In eine Zeit, als noch alles in Harmonie und Frieden war. Als die Freude und Leichtigkeit in Atlantis zu Hause waren. Genau diese Freude möchten sie dir heute schenken. Einen Tag der Freude und Leichtigkeit. Na, wie ist es, möchtest du mit ihnen gehen?

Filo, der Älteste und Weiseste von meinen Freunden, bietet dir seine Flosse an. Hier kannst du dich festhalten, und er wird dich tragen. Meine Beine sind lang genug, sodass ich jetzt hier entlanglaufe und dort hinten um den Felsen herumschwimme. Ich bin also direkt neben dir.

Filo bittet dich nun, sich auf ihn zu setzen und dich festzuhalten. Du sollst erst einmal fühlen, wie das für dich ist, und er bittet dich, ihm zu vertrauen. Er schwimmt ganz langsam und vorsichtig mit dir in etwas tieferes Wasser, weil es hier für ihn leichter ist und er nicht den Bauch am Boden schrammt.

Genieße die Fahrt, mein liebes Menschenkind.

Filo spricht:

„Liebes Menschenkind, ich möchte dich persönlich begrüßen und hoffe, du fühlst dich bei mir sicher und geborgen. Ich schwimme jetzt mit dir ein wenig weiter hinaus, und dann umrunden wir den Felsen dort drüben, der ins Wasser ragt. He, ihr Jungspunte, haltet Abstand, sonst werden die Wellen zu stark, und unser Menschenkind bekommt Angst.

Du musst verzeihen, liebes Kind, diese jungen Delfine haben noch nie ein Menschenkind zu Gesicht bekommen. Sie wurden in einer Zeit nach Atlantis geboren und kennen unsere Zusammenkünfte nur aus Erzählungen. Für sie ist es genauso neu wie für dich. Gleich sind wir da, nur noch ein paar Flossenschläge. Kannst du die Lagune dort hinten sehen? Doch zuerst müssen wir hier herunterschwimmen. Sieh, hier ist der Übergang zu den versunkenen Welten. Hier unten liegt Atlantis, und genau dorthin bringe ich dich nun.

Halt dich fest. Sieh, meine treuen Wegbegleiter kommen ganz nah zu uns und helfen dir, dich zu halten. Wir bilden sozusagen ein Floß aus Delfinen.

Einatmen, und runter geht's, hinein in die Lagune von Atlantis. Kannst du die Ruhe und den Frieden hier fühlen? Selbst das Wasser verändert sich. Es ist friedlich und von einem Blau, das tiefer nicht sein kann. Dort drüben ist schon Theora und winkt uns. Wir schwimmen einmal an allem vorbei, damit du es sehen kannst. Die sanften Hügel, bewachsen mit vielen Blumen. Kannst du den Lavendel riechen, an diesem Ort ist er dominant, denn hier sind die Farbe und die Energie des Lavendels vorherrschend.

Es ist, als würde das Blau sich im Wasser wiederfinden, nur die weißen Häuser und Tempel bilden einen Kontrast. Ich liebe dieses Bild, diese Symbiose.

Vielleicht bringt dich Theora in einer späteren Geschichte hierher zurück, damit du dir die Tempel anschauen kannst, doch heute werde ich dich weitertragen, um die nächste Biegung zu der Bucht der Delfine. Hier sind auch die Nymphen zu Hause, und wenn du lauschst, kannst du vielleicht ihren Gesang schon hören.

Ich halte jetzt kurz an, damit wir uns sammeln können, also zentrieren, und dann schwimme ich mit dir um die nächste Biegung in unsere Lagune.

Einatmen, und schon sind wir um die Biegung, und vor uns liegt die Lagune, mein Zuhause. Sie ist eingebettet in Hügel, wunderschön bewachsen mit vielen verschiedenen Pflanzen und Blumen. Hier sind auch die Tiere etwas Besonderes, denn sie haben ein einzigartiges Farbenkleid.

Wir schwimmen nun hinein, und rechts und links werden wir von meiner Familie begrüßt, die uns jetzt folgt. Es ist immer eine besondere Stimmung, wenn ich hier hereinschwimme, und ich glaube, dass du sie kennst, denn du hast ja schon einige solcher Orte mit Theora besucht.

Jetzt kannst du an Land gehen. Hier ist das Wasser nicht mehr tief, du kannst den Boden sehen. Setz dich einfach hin, genieße und schau dir alles an. Heute möchten wir ein Fest der Freude feiern, und du und Theora seid herzlich eingeladen.

Sieh, die Blumenkinder schmücken bereits alles. Die Glühwürmchen machen sich bereit, um eine ganz besondere Stimmung zu zaubern. Es dämmert schon, und du kannst zuschauen wie die Sonne schlafen geht und im Meer versinkt. Alles wird in ihr rot-gelbes Licht getaucht, und viele Lichtwesen zeigen sich in ihr. Genieße und lass die Freude in dein Herz.

Pause

Dreh dich einmal um und schau gen Osten, dort steigt jetzt der Mond auf. Heute Nacht ist Vollmond, und er wird unsere Bucht in sein Licht hüllen und unser Fest begleiten.

Sieh auch die Glühwürmchen, sie werden immer deutlicher, da das letzte Tageslicht schwindet. Das Fest beginnt.

Da kommen die Blumenkinder und möchten auch dich schmücken. Sie tragen Girlanden aus Blumen, die sie dir wie eine Kette um den Hals legen. Wieder andere bürsten deine Haare und möchten Blüten hineinflechten. Du siehst wunderschön aus, und auch Theora wird mit Blumen und Blüten geschmückt.

Pass auf, liebes Menschenkind, gleich beginnt auch das Wasser zu leuchten, denn die Wesen des Wassers feiern mit uns. Sieh die Nymphen und Nixen, sie tragen Seerosenlichter mit sich und schwimmen unter der Oberfläche. Sie singen, und auch wir Delfine stimmen mit ein in den uralten Gesang von Atlantis.

Jetzt kommen die jungen, etwas übermütigen Delfine. Es sind drei, und sie würden gerne mit dir durchs Wasser tanzen. Magst du? Vertraust du ihnen? Nun, dann geh zu ihnen, geh so weit ins Wasser, bis du das Gefühl hast, getragen zu werden. Lege dich mit dem Rücken auf das Wasser und spüre, wie sofort ein Delfin unter dir ist, um dich zu begleiten. Du kannst jetzt auf dem Wasser schweben und die Lichter der Lagune und des Mondes sehen. Auch die Sterne winken dir zu.

Fühlst du dich sicher, getragen vom Wasser und den Delfinen? Dann spüre, wie sie jetzt wechseln. Der Erste, der dich getragen hat, lässt dich kurz los. Vertraue, denn da ist schon der Zweite, der dich weiterträgt. Hat es dir gefallen? Da ist noch ein Dritter, der dich auch eine Weile tragen möchte, und so fühle, wie der Zweite dich kurz loslässt und du von dem Dritten aufgefangen wirst. Wenn dir das gefällt, dann teile es ihnen mit, und sie werden dieses Spiel so lange machen, wie du magst.

Es ist schön, euch dabei zuzusehen, es ist so lange her, dass dies hier geschehen durfte. Wir danken dir, liebes Menschenkind, dass du zu uns gekommen bist.

Erinnerst du dich noch an heute Nachmittag, als ich dich abgeholt habe? Erinnerst du dich an den kleinen vorwitzigen Delfin? Er heißt Philipo, und er möchte, dass du auf seinem Rücken Platz nimmst. Er würde gerne mit dir unter Wasser tauchen, dir die versunkenen Schätze zeigen. Er möchte mit dir durch die Tempel und Städte der versunken Welt schwimmen, die unter uns liegt. Nicht alles von Atlantis ist wieder sichtbar, so, wie hier. Erst wenn die Menschen wieder beginnen, zu glauben und den Kontakt mit uns aufzunehmen, kann es Stück für Stück wieder auferstehen.

Du brauchst keine Angst zu haben, hier in der Anderswelt wirst du unter Wasser nicht ersticken. Vertraue, dann werden die Nymphen deinen Kopf in eine Luftblase hüllen, in der du atmen kannst.“

Philipo spricht:

„Ich freue mich so, liebes Menschenkind. Komm, ich zeige dir meine Welt. Schließe deine menschlichen Augen und sieh mit deinem Dritten Auge, das zu unserer Welt gehört. Male dir deine Bilder, denn Atlantis zeigt sich dir so, wie du es gerade brauchst und annehmen kannst.

Auf Drei geht es los. Eins, zwei und drei. Ich sinke tiefer ins Wasser hinein, und die Nymphen stehen schon bereit, um dir deine Luftblase zu geben. Sie legen sie dir über deinen Kopf. Probiere einmal, ob du Luft bekommst und entspanne dich. Und? Ist alles ok? Dann kann es ja losgehen. Wenn ich zu schnell werde, gib mir ein Zeichen, denn ich möchte, dass unser Ausflug dir Freude macht.

Wir schwimmen durch Straßen, über den Marktplatz, durch Tempelmauern und hinunter durch geheime Gänge. Etwas möchte, dass wir dort hinten wieder hinaufschwimmen, und, oh, hier war ich auch noch nicht. Schau, wie schön. Es ist ein wunderschöner Garten, so, wie du ihn auch von Land her kennst, und dort drüben steht ein Tempel, der noch vollkommen unberührt ist. Fast wirkt es hier, als würde alles schlafen, doch schau, in der Mitte des Tempels steht jemand. Ein wunderschö-

nes Wesen, eine Priesterin aus Atlantis, die uns jetzt zu sich ruft."

Die Priesterin spricht:

„Liebes Menschenkind, ich halte hier einen goldenen Schlüssel für dich bereit, den ich dir schenken möchte. Er soll dich immer daran erinnern, an die Dinge zu glauben, die für das Auge unsichtbar sind. Und er soll dich immer auf deinem Weg durchs Menschenleben unterstützen und dich an die Freude und Leichtigkeit erinnern. So gebe ich dir diesen Schlüssel als Symbol mit in deine Welt. Bewahre ihn in deinem Herzen und vergiss nie: Du kannst alle Türen deines Lebens öffnen, du kannst sie auch wieder schließen, wenn sie dir nicht gefallen. Doch erinnere dich immer daran, dass, wenn du vertraust, alles gut wird. Dass, wenn du vertraust, du die schönsten Dinge erleben kannst. Alles wartet auf dich, du brauchst es nur zu bejahen. Glaube und vertraue, mein liebes Kind, und alles wird gut.

So segne ich auch dich. Ich danke dir, dass du hierhergekommen bist, und wenn du magst, dann besuche mich, wann immer dir danach ist. Ich kann dich vieles lehren, wenn die Zeit gekommen ist.

Pause

So geh nun. Philipo wird dich zurückbringen, hinauf über das Wasser und zu Theora."

Die Priesterin verneigt sich vor dir, um sich zu verabschieden, und so bitte auch ich dich, dich zu verabschieden.

Philipo steht schon bereit, um dich wieder zu tragen und mit ihm hinaufzuschwimmen. Je weiter ihr nach oben kommt, desto übermütiger wird er. Er fängt an, sich mit dir zu drehen, und dann schießt er aus dem Wasser, und wie auf einer Achterbahnfahrt geht es jetzt wieder hinein. Du weißt, wenn es dir zu viel wird, dann sage Stopp, denn wenn Philipo einmal in Fahrt kommt, dann kann er seine Freude so schnell nicht mehr stoppen.

Am Ufer angekommen, wird es nun Zeit, sich auch von diesem Ort und den Wesen und den Delfinen zu verabschieden. Tu es auf deine Weise. Dann berühre wieder Theora und lass dich zurückbringen auf den Pfad durch die Anderswelt.

Theora spricht:

„Ich liebe dich, du Menschenkind. Sieh, du bist gewachsen, und ich mit dir, da du dich geöffnet hast und dein Vertrauen hast wachsen lassen. Magst du mir weiter folgen? Tiefer hinein in die Anderswelt zu den heiligen Stätten meiner Ahnen? Dann komm.“

Der eigene Tanz

Hallo, liebes Menschenkind, ich freue mich, dass du wieder da bist und wir gemeinsam ein Stück weiter eintauchen in meine Welt. Lass dich von meinem Horn an deinem Dritten Auge berühren und uns zur Begrüßung gemeinsam atmen. Mmmh, ich liebe es, dich so zu fühlen und mit dir in Kontakt zu kommen.

Die Sonne scheint, die Vögel singen, ja, alles in meiner Welt schwingt heute irgendwie. Es ist ein Kribbeln in der Luft, das uns einlädt, zu hüpfen. Kannst du es auch spüren? Hast du Lust, den Pfad ein Stück weit zu erhüpfen? Dann komm.

Warte, liebes Menschenkind, ich brauche noch einen Moment, um meine Beine zu sortieren, schließlich habe ich vier davon, und da ist es etwas schwieriger, einen guten Rhythmus zu finden. Ok, Theora, ganz ruhig. Atme einmal ein und aus, zentriere dich in deiner Mitte und spüre einmal die Energie des Weges. „Ich hab es gleich", ruft sie dir zu und setzt ihre Unterhaltung mit sich selbst fort. Ok, jetzt lass die Energie in deine Beine und... „Es klappt, es klappt", ruft Theora, „ich hab's wieder. Schau wie ich hüpfen kann. Ich komme!"

Ist das ein Spaß, wie gefällt es dir?

So hüpft ihr beide gemeinsam ein Stück des Weges, und es scheint, als ob alles am Wegesrand mit euch hüpft und schwingt.

Das Gras schwingt, die Bäume auch, die Blumen, ja, sogar die Steine beginnen sich zu bewegen. So bittet Theora dich jetzt: „Bleib einmal hier auf dem Pfad stehen. Lass uns das, was hier gerade geschieht, bewusst wahrnehmen und genießen. Ist das nicht wundervoll?"

Alles ist in Bewegung, sogar der Waldboden fängt an, und dort hinten sieht es so aus, als würde der Boden ein Stück in die Luft springen. Die Erde wirbelt auf, dreht sich wie eine Balletttänzerin um sich selbst und kehrt dann zum Boden zurück. Sie hinterlässt ein Muster, und die Elfenkinder geben Feenstaub dazu. Sie lieben es einfach, wenn alles glitzert.

Dort hinten, zwischen den beiden großen Bäumen, öffnen sie gerade einen lichtdurchfluteten, glitzernden Vorhang, der uns zu sich winkt. Magst du hingehen? „Spürst du es?", flüstert Theora, „hier fühlt sich alles so leicht an, und je näher wir kommen, umso intensiver und kraftvoller kann ich es fühlen."

Magie liegt in der Luft, und trotz der Leichtigkeit geht von diesem Ort auch eine unglaubliche Kraft aus.

Dort kommt eine Fee und winkt uns herein. Verwunschen ist dieser Platz, fast wie eine nach oben offene Höhle aus Bäumen und Blüten. Alles scheint hier eine bestimmte Ordnung zu haben, und doch wirkt alles so leicht. Alles geht eine Verbindung ein. Es wirkt so harmonisch.

Kannst du es sehen, liebes Kind? Es fehlen mir gerade die Worte dir alles zu beschreiben.

Die Deva des heiligen Platzes tritt zu euch:

„Liebes Menschenkind, liebe Theora, ich freue mich, dass ihr beide hier seid, und es ist mir eine noch größere Freude, mein Wissen und die Energien und Botschaften dieses Ortes mit euch zu teilen.

Ich bitte euch, erst einmal Platz zu nehmen. Hier am Rand ist eine kleine Bank, von Rosen umrankt, die euch beide mit ihrer Schwingung und ihrem Duft liebevoll verwöhnen möchte. Diese Schwingung und auch der Duft öffnen euch für das, was ihr jetzt erkennen dürft.

So spreche ich zwar zu euch beiden, doch da Theora um die Dinge weiß, gilt meine ganze Aufmerksamkeit dir, liebes Menschenkind.

Bitte schließ einmal kurz deine Augen und spüre in die Schwingung und den Duft der Rosen. Lass dich von ihnen berühren und dein Herz und dein Drittes Auge öffnen, sodass du besser wahrnehmen und erkennen kannst, was ich dir jetzt zeigen möchte.

Spüre, wie dein Herz ganz weit wird und die Gabe des inneren Sehens sich öffnet. So öffne deine Menschenaugen wieder und fühle dich selbst. Bevor wir anfangen, möchte ich dir noch das mit dem inneren Sehen erklären, denn ich glaube, du weißt nicht genau, was ich damit meine.

Inneres Sehen bedeutet, dass du dich mit deinem Dritten Auge für die Dinge im Unsichtbaren öffnest. Immer dann, wenn du hierher kommst, durch das Tor in die Anderswelt, dann siehst du mit diesem Auge. Für deine Menschenaugen bleibt vieles verborgen, doch dein inneres Auge sieht alles, wenn du es erlaubst.

Das ist, glaube ich, wichtig für dich zu wissen, geliebtes Menschenkind, es geschieht immer nur das, was du erlaubst. Du bestimmst in dieser, aber auch in deiner Welt, was du möchtest und was nicht. Damit du deinen Weg in deiner Welt einfacher gehen kannst, ist es wichtig, dass du weißt, wer du bist und was du willst.

Ich hoffe, du kannst das verstehen. Es war schon so lange kein Menschenkind mehr hier, dass ich wohl mit meinen Erklärungen ein bisschen eingerostet bin. Bitte verzeih. Doch die beste Erklärung ist sowieso die, die du erleben und fühlen kannst.

So bitte ich dich jetzt, betrachte noch einmal die Ordnung, die Theora eben versucht hat, zu beschreiben. Es scheint auf den ersten Blick, dass alle Bäume, also ihre Blätter und Äste, aber auch der Stamm, mit den Blumen verflochten sind und eine Einheit bilden. Das stimmt, sie fügen sich harmonisch in ein großes Bild. Bitte schau genau hin, sie werden dir etwas zeigen.

Jetzt wird das Bild lebendig, alles fängt an, sich zu bewegen, und doch bleibt die Harmonie erhalten. Sie bewegen sich gemeinsam in einem Rhythmus, du kannst es dir so vorstellen, als ob alle einen Tanz tanzen.

Dort löst sich aus der Umarmung mit dem Baum eine Flechte, und sie beginnt, ihren eigenen Tanz zu tanzen, und da löst sich eine Blume und tanzt den ihren, und so lösen sich alle Wesen aus der Umarmung des Bildes, und jedes drückt sich selbst aus, zeigt sich in seiner Einzigartigkeit. Jedes Wesen tanzt für sich, doch da sie in Harmonie miteinander verbunden waren und sind, beginnen sie, dir eine Geschichte zu tanzen. Alles passt wieder zusammen und ineinander.

Genieße dieses Spiel des Ausdrucks. Nimm immer mal wieder ein einzelnes Wesen wahr, und dann sieh wieder das gesamte Bild. Ist es nicht wunderschön?

Der Tanz neigt sich dem Ende zu, und sie verschmelzen wieder in vollkommener Harmonie.

Wie hat dir das gefallen?

Ich möchte dir damit zeigen, dass jedes Wesen für sich allein einen einzigartigen Ausdruck hat und auch die Fähigkeit, mit anderen Wesen in harmonischer Gemeinschaft zu sein. Das ist in unserer Welt wichtig, aber auch in deiner. Wenn in deiner Welt die Menschen um ihren einzigartigen Ausdruck wüssten und diesen auch leben würden, dann bräuchten sie nicht mehr auf den anderen zu schauen. Dann wäre der Glaube, dass der andere Mensch besser, schöner, schlauer oder was auch immer ist, nicht mehr real und überflüssig.

So würden auch die Gefühle von Klein-Sein, Nicht gut-genug-Sein, von Eifersucht und vielem mehr überflüssig. Wäre das Leben dann nicht um vieles einfacher und leichter?

Könntet ihr dann nicht auch in Harmonie miteinander leben?

Wenn du deinen Ausdruck gefunden hast, liebes Kind, dann geh in deiner Welt auf Entdeckungsreise und schau nach dem Ausdruck des anderen. Vielleicht kannst du den Menschen, mit denen du lebst, also deinen Freunden und deiner Familie, helfen, dass sie ihren Ausdruck finden, und vielleicht wird dann alles noch harmonischer und leichter in eurem Zusammensein.

Wäre das nicht wunderbar?

Doch an diesem Ort hier geht es nur um dich.

Wir möchten dir jetzt helfen, deinen Ausdruck zu finden. Wie hört sich das für dich an? Hast du Lust, auf Entdeckungsreise zu dir selbst zu gehen?

Ich freue mich so, dass ich dir dabei helfen darf. Oh, ich habe dir ja noch gar nicht meinen Namen genannt. Dann wird es aber Zeit.

Ich bin die Deva dieses Platzes, und mein Name ist Elisa. Eine Deva ist ein hohes Lichtwesen, und ich habe diese Gestalt gewählt, damit du mich sehen kannst. Die Energie, in der ich mich ausdrücke, ist die der Freude und der Leichtigkeit, und so werde ich dich jetzt in deinen Ausdruck führen.

Werde dir einmal bewusst, was du schon alles kannst, und denke bitte nicht nur an deine irdischen Talente, sondern auch an die, die du hier erworben hast. Wenn du deinen Ausdruck finden möchtest, ist es wichtig, dass du dir bewusst wirst, was du alles kannst und dich auch dafür lobst. Ja, du hast richtig gehört. Du darfst und sollst *dich loben. Ich weiß, bei euch in der Menschenwelt ist Lob nicht so wichtig. Da wird weniger auf das, was du kannst, eingegangen, sondern vielmehr auf das, was du nicht kannst, und ich glaube, das ist ganz schön frustrierend. Wie sollst du wachsen und deinen Ausdruck finden, wenn dir das Lob fehlt? Wie sollst du Vertrauen in dich selbst aufbauen, wenn es nicht gestärkt wird? Siehst du, genau darum geht es. Warte nicht darauf, dass jemand kommt, um dir zu sagen, dass du zum Beispiel einen Aufsatz gut geschrieben hast, sondern schau dir dein Werk an, und dann lobe dich. Du weißt, ob du dir Mühe und dein Bestes gegeben hast, und wenn das so ist, dann verdienst du alles Lob der Welt.*

Wir in der Anderswelt und ihr in eurer Welt können nicht alle alles gleich gut, und das muss auch nicht sein. Jedes Wesen hat Dinge, in denen es besonders gut ist, und welche, die es nicht so gut kann. Das darf so sein. Verurteile dich nicht, nur weil jemand im Außen meint, dass du dich mehr anstrengen, mehr üben oder bestimmte Aufgaben anders erledigen müsstest. Spüre vielmehr in dein Herz und überprüfe, ob es deine Wahrheit ist, was dir ein anderer sagen möchte.

Das, liebes Menschenkind, gilt natürlich auch für mich. Wenn du in deinem Herzen fühlst, dass das, was ich dir hier erzähle, nicht stimmt, dann ist das deine Wahrheit, und du darfst es mir sagen und gehen. Wenn du aber fühlst, dass das, was ich dir sage, sich gut anfühlt, dann bleib. Egal, wie du dich entscheidest, ich werde deine Entscheidung akzeptieren. Ich werde dich genauso lie-

ben, wie ich dich zu Beginn unserer Reise geliebt habe, und ich werde stolz auf dich sein und dich loben, denn durch deine Entscheidung hast du deinen Ausdruck gezeigt. Du stehst zu dem, was du fühlst und möchtest.

Pause

Oh, ich liebe dich so sehr, und da du weiterliest, sagt mir das, dass dein Herz Ja gesagt hat und du bleiben möchtest. Ich danke dir dafür, es ist mir eine Ehre und Freude, dich weiterzuführen.

Wir haben eben etwas über den Ausdruck gelernt, den wir über unsere Entscheidungen und Worte zeigen. Jetzt möchte ich dir den Ausdruck zeigen, den deine Schwingung hat. Ich meine deine Eigenfarbe und dein Eigenton.

Jedes Wesen wird mit einer bestimmten Schwingungsenergie geboren. Bei mir sind es die Freude und die Leichtigkeit, und die Farbe dazu ist gelb.

Wenn du deine Augen noch einmal schließen magst und du dann ein wenig atmest, bis du merkst, dass du ganz ruhig wirst und in die Mitte deines Bauches sinkst, dann bitte deinen Schutzengel, dir einmal vor deinem inneren Auge deine Farbe zu zeigen und dich deine Schwingung fühlen zu lassen.

Pause

Hast du sie gefunden? Konntest du sie fühlen? Manche Menschen haben sogar mehrere Farben. Wenn du also mehr gesehen hast, vielleicht sogar den Regenbogen, dann ist der Verbund dieser Farben und Energien deine. Immer wenn du etwas tust, was dir vielleicht Sorge bereitet, rufe deine Farben in deinen Körper, fühle sie, und du wirst mit ihrer Hilfe leichter durch die Sorgen gehen, kannst leichter erkennen, was los ist, und die Hindernisse auflösen.

Wenn du magst, kannst du jetzt auch einmal versuchen, die Schwingung deiner Farben, also das, was du dabei fühlst, zu tanzen. Möchtest du? Die Wesen aus dem Bild begleiten dich bestimmst.

Ist das nicht schön? Du hast jetzt deine Farbe und deine Schwingung in diesem Tanz zum Ausdruck gebracht. Einzigartig, das bist du.

Jetzt bleibt noch der Eigenton. Wie ist es, magst du dich auch hierauf einlassen?

Wie schön, ich freue mich, und wenn du magst, geben wir gleich gemeinsam ein Konzert.

Stell dich bitte einmal mit beiden Füßen auf die Erde. Schließe wieder für einen kurzen Moment deine Augen und spüre dich und die Verbindung zu Mutter Erde. Du kannst die Augen geschlossen halten oder auch öffnen, so, wie es sich für dich richtig anfühlt.

Jetzt geh bitte ganz leicht in die Knie. So kannst du die Kraft für den Ton direkt aus der Erde und deinem Bauch herausziehen. Du kannst ein A, ein U, ein O oder ein M singen. Das ist die Übung, um deinen Ton zu finden.

Du stehst mit beiden Beinen fest auf dem Boden, hast deine Knie ein wenig gebeugt, atmest tief ein, so, als *wolltest du die Luft aus der Erde holen, und dann lässt du den Ton heraus. Mache das ein paarmal hintereinander. Das nennt man Tönen, und so wirst du deinen Ton finden.*

Wie war es für dich? Konntest du die Kraft fühlen, die dabei entsteht? Es ist deine Kraft, sie wohnt in dir und konnte sich zum ersten Mal zeigen. Wenn du es ihr erlaubst, wird sie jedes Mal mehr werden und dein Ausdruck sein.

Machen wir jetzt ein Abschiedskonzert? Schau, sie alle stehen schon bereit. Auch Theora hat sich zu uns gesellt, sodass wir alle gemeinsam einen Kreis bilden.

Wir stehen alle fest auf der Erde, und unsere Knie sind leicht gebeugt. Wir zentrieren uns, atmen und lassen dann 10-mal hintereinander unseren Ton erklingen.

Pause – Ich bitte hier um einen kurzen Moment der Stille.

Oh, du liebes Menschenkind, ich danke dir von ganzem Herzen dafür. Wann immer du mit uns gemeinsam tönen möchtest, komm zu uns, und es wird geschehen."

So bittet Theora dich jetzt, Abschied zu nehmen von den Wesen dieses Ortes und der Deva Elisa.

Theora spricht:

„Danke, liebes Menschenkind, dass ich dabei sein durfte, ich hatte schon fast vergessen, wie es ist, in der Gemeinschaft zu tönen. Es gibt so viel Kraft und Freude, es lässt mein Herz hüpfen, so, wie wir zu Beginn dieser Reise hierhergehüpft sind.

Ich liebe dich, du Menschenkind. Sieh, du bist gewachsen, und ich mit dir, da du deinen Ausdruck, deine Farbe, deinen Tanz und deinen Ton gefunden hast. Magst du mir weiter folgen? Tiefer hinein in die Anderswelt zu den heiligen Stätten meiner Ahnen? Dann komm."

Der innere Garten

Hallo, liebes Menschenkind, ich freue mich, dass du wieder da bist und wir gemeinsam ein Stück weiter eintauchen in meine Welt. Lass dich von meinem Horn an deinem Dritten Auge berühren und uns zur Begrüßung gemeinsam atmen. Mmmh, ich liebe es, dich so zu fühlen und mit dir in Kontakt zu kommen.

Ich freue mich, dass du gemeinsam mit mir die Anderswelt erkundest. Da vorne ist unser Pfad, er ruft uns förmlich, und es scheint, als wäre er aufgeregt, ja, voller Vorfreude. Tatsächlich, sieh, wie der Pfad sich bewegt, so, als wolle er tanzen. Hoffentlich beruhigt er sich wieder, sonst werden wir noch seekrank. Sollen wir es wagen?

Ich mache den Anfang, und wir schauen, was passiert. Ein Fuß, der Boden bleibt fest, der nächste Fuß, und der Boden bleibt fest. Gut ich stelle mich jetzt mit meinen vier Beinen auf den Pfad, und wir schauen, was passiert.

Nichts, vor mir tanzt der Pfad, aber hier, wo ich stehe, bleibt alles ruhig. Magst du dich neben mich stellen? Sieh, es bleibt auch unter deinen Füßen alles ruhig und fest.

Ich würde gerne wissen, was heute hier los ist, so habe ich den Pfad noch nie erlebt. Schau, da kommt der kleine blaue Vogel, und er hat seine Freunde mitgebracht. Gemeinsam schillern sie in den schönsten Farben und fliegen genau auf uns zu.

Doch nur der blaue Vogel kommt zu dir, und ich glaube, er möchte auf deinem Finger landen. Magst du ihm deine Hand hinstrecken?

Ist er nicht wunderschön so, wie er jetzt bei dir sitzt? Sieh, er möchte uns etwas sagen.

Der blaue Vogel spricht:

„Ich grüße euch, und ich freue mich, dass ihr wieder beisammen seid, um gemeinsam durch die Anderswelt zu gehen. Ich habe euch beide schön öfter begleitet und möchte es gemeinsam mit meinen Freunden auch heute tun.

Ihr habt sicher schon bemerkt, dass der Pfad heute ein wenig aufgeregt ist und es ihm schwerfällt, stillzuliegen. Das liegt daran, dass du, liebes Menschenkind, heute deinen inneren Garten besuchen darfst, und da nur du den Weg dorthin bestimmen kannst, ist der Pfad so aufgeregt, weil er noch nicht weiß, in welche Richtung er sich wenden soll.

So bitte ich dich, liebes Menschenkind, öffne einmal dein Herz und male mit deiner Herzensenergie, deinen Wünschen und Träumen deinen Weg. Stell ihn dir so vor, wie du ihn gestalten würdest, und egal, wie du ihn gerne hättest, er wird so entstehen. Ich nehme Kontakt auf, und mit meinem Schnabel kann ich die Schwingung deiner Wünsche und Träume wahrnehmen und sie dem Weg mitteilen. Dieser wird sie dann umsetzen, und alle Naturwesen und Pflanzen, der Wind, die Sonne und auch der Mond werden dabei helfen.

Bist du bereit? Dann lass den Pfad entstehen."

„Oh, wie schön, wie schön", ruft da Theora und klatscht mit ihren Hufen. Liebes Menschenkind, hast du dir deinen Pfad so vorgestellt? Hat der kleine blaue Vogel alle Schwingungen so weitergegeben, wie sie aus deinem Herzen herausgeflossen sind?

Lass dir ruhig Zeit, liebes Kind, und betrachte deinen Weg. Nimm alles wahr, was aus dir heraus Wirklichkeit geworden ist. Alle Farben und Formen, die Düfte und Wesen sind ein Teil von dir und können sich jetzt zeigen. Wunderschön, so, wie du.

Der blaue Vogel fliegt mit seinen Freunden voraus und bedeutet uns, ihnen zu folgen. Der Weg ist jetzt ganz ruhig, denn du hast ihn neu gestaltet. Ich bin schon so aufgeregt, was wir noch alles entdecken werden.

Ich spüre, dass sich in deinem Inneren noch viele andere Dinge formen und zeigen möchten, und ich darf dir sagen, dass alles, was du jetzt in deinem Inneren spürst, heute noch sichtbar werden kann.

Da vorne bleibt der kleine blaue Vogel in der Luft stehen und wartet auf uns. Auch die anderen Vögel in den vielen bunten Farben warten. Sie haben sich zu einer Art Vorhang geformt, und aus ihren Flügeln fließt eine Energie in ihrer Farbe. Der kleine blaue Vogel möchte noch einmal zu dir sprechen.

„Liebes Menschenkind, an dieser Stelle endet dein Pfad für heute, und wenn du durch den Vorhang trittst, wirst du nichts finden. Erschrick bitte nicht, dieses

„Nichts“ wartet auf dich. Es ist der Raum, den du mit deinen Wünschen und Träumen einnehmen kannst. Es ist dein Seelenraum, der entdeckt, dein innerer Garten, der durch dich zum Leben erweckt werden möchte.

Tritt durch das Tor, hab keine Angst, Theora und ich sind bei dir. Spüre einmal den Raum, die Größe hinter dem Vorhang. Auch wenn wir noch nichts sehen können, ist dieser Raum da, und du bestimmst seine Größe.

Liebes Menschenkind, fühle dich sicher und geborgen. Fühle dich getragen und gehalten von Mutter Erde, auf der du stehst. Fühle dich gehalten durch deine innere Mitte.

Genauso wie bei deinem Pfad, der uns hierhergeführt hat, bitte ich dich, dein Herz zu öffnen und alle Wünsche und Träume, alle Bilder, die dich glücklich machen, einströmen zu lassen.

Theora fängt eins nach dem anderen mit ihrem Horn auf und stellt sie wie Bilder in den Raum, der auf einmal größer, sichtbar und bunt wird. Ist das nicht schön? Das alles kommt aus dir heraus, das alles ist in dir.

Es gibt hier keine Grenzen, mach ruhig weiter, so lange du magst. Lass alles zu deinem Herzen aufsteigen, Theora wird es auffangen und als Bild in deinem Raum aufstellen.

Schau, wie groß dein innerer Raum jetzt ist. Möchtest du ihn dir einrichten, ihn mit deinen Bildern gestalten?

Vielleicht magst du dir die Bilder noch einmal anschauen oder sie wie bei einem Puzzle, das du zusammensetzt, zu einem Bild ordnen. Theora und ich unterstützen dich dabei, damit dein innerer Garten entstehen kann.“

Theora spricht:

„Liebes Menschenkind, ich möchte dir noch etwas über die inneren Gärten, die wir auch Seelengärten nennen, erzählen. Jedes Wesen hat die Fähigkeit, einen solchen Garten zu erschaffen. Er bietet Rückzug und Geborgenheit. Hier kannst du so sein, wie du magst, du kannst auftanken und träumen. In diese Gärten darf niemand eintreten, es sei denn, du hast es ihm oder ihr erlaubt. Hier gibt es nur dich, und in allem, was du erschaffst, drückst du dich aus, so, wie du wirklich bist, wie du sein könntest, auch in der sichtbaren Welt, wenn du an dich glaubst und es dir erlaubst.

Wenn du jetzt beginnst, deinen Garten zu gestalten, hast du alle Möglichkeiten, denn es gibt keine Begrenzungen. Wenn du ein Schwimmbad möchtest oder einen Spielplatz, eine Bibliothek mit deinen Lieblingsbüchern oder eine Hängematte, kannst du all das hier erschaffen.

Du kannst auch ein Gartenzimmer einrichten. Erinnerst du dich an die schwingenden Räder, auch dort waren verschiedene Gartenzimmer, und so kannst auch du in deinem Garten, wenn es für dich wichtig ist, verschiedene Bereiche einrichten. Du kannst auch Tiere hineinbitten, wenn du magst, und ihnen hier ein Zuhause geben.

Nun lass uns gemeinsam durch die vielen Gänge deiner Bilder gehen, und wenn du magst, dann helfe ich dir, sie zu sortieren. Sage oder zeige mir einfach, was wohin soll, und ich werde es mit meinem Horn berühren, damit das Bild lebendig werden kann. Ja, dein Garten wird lebendig sein, wenn du es magst.

Ich bin sehr berührt von dem, was hier gerade entsteht. Danke, liebes Menschkind, dass ich dabei sein darf, und auch der blaue Vogel ist ganz berührt und bedankt sich bei dir.

Er verabschiedet sich, damit du den Raum deines inneren Gartens ganz für dich erkunden und einnehmen kannst, und so ziehe auch ich mich zurück und warte auf dich hinter dem Vorhang."

Pause – Hier hast du Zeit, wenn du magst, deinen inneren Garten zu genießen!

Wenn du spürst, dass es Zeit ist, in deine Welt zurückzukehren, dann verabschiede dich auf deine Weise von deinem inneren Garten und wisse, dass du jederzeit dorthin zurückkehren kannst. Geh durch den Vorhang, spüre, wie er sich hinter dir schließt und der Eingang für andere somit nicht sichtbar ist. Dein innerer Garten ist geschützt, und nur du kannst durch das Tor schreiten.

„Komm, geliebtes Menschenkind", spricht da Theora. „Ich führe dich zurück auf dem Pfad zu deinem Tor in deine Welt.

Ich liebe dich, du Menschenkind. Sieh, du bist gewachsen, und ich mit dir, da du deinen inneren Raum gefunden hast, und durch deine Wünsche und Träume konnte der Garten erblühen. Magst du mir weiter folgen? Tiefer hinein in die Anderswelt zu den heiligen Stätten meiner Ahnen? Dann komm.“

Die Regenbogenbrücke

Hallo, liebes Menschenkind, ich freue mich, dass du wieder da bist und wir gemeinsam ein Stück weiter eintauchen in meine Welt. Lass dich von meinem Horn an deinem Dritten Auge berühren und uns zur Begrüßung gemeinsam atmen. Mmmh, ich liebe es, dich so zu fühlen und mit dir in Kontakt zu kommen.

Wie geht es dir? Lass mich mal nachsehen, ob auch wirklich alles in Ordnung ist mit dir. Ich sehe in dein Herz, und es strahlt und öffnet sich, ich sehe in deine Augen und kann das Licht deiner Seele erkennen. Ich würde sagen, es geht dir sehr gut. Das freut mich, denn das, was wir, die Wesen der Anderswelt, dir heute zeigen und erklären möchten, scheint vielleicht auf den ersten Blick, als wollten wir dich traurig machen, doch du kennst uns, du kennst mich, das würden wir nie tun. Nein, liebes Menschenkind, niemals.

Heute, an diesem besonderen Tag, hat sich die ganze Anderswelt verabredet, um das Fest des Übergangs, des Abschieds und des Neuanfangs zu feiern. Ja, alle diese Aspekte sind in diesem einen Fest vereint, und die Schwingungen, die Gefühle dieses Festes sind Liebe.

Wir haben uns lange beraten, und viele Seelen haben sich bereit erklärt, hier mitzuwirken, damit wir dir alles zeigen können und du die Zusammenhänge verstehen kannst. Komm, wir gehen wieder ein Stück auf dem Pfad durch die Anderswelt, und sieh, der blaue Vogel ist wieder da, um uns zu führen. Er ist schon ein bisschen aufgeregt, doch es liegt so etwas Ehrfürchtiges in der Luft, dass er sich wohl nicht traut, in der Luft zu tanzen. Sollen wir es ihm erlauben, sonst platzt er noch, weil er sich kaum beherrschen kann.

Vielleicht möchtest du ihm die Erlaubnis geben, in der Luft zu tanzen, denn immerhin ist es auch ein Fest der Freude.

Schau einmal, wie schön er sich jetzt bewegt, und jetzt kommt er auf dich zu, um dir zu danken. Er hat tatsächlich auf deine Erlaubnis gewartet, und so lässt er eine blaue Feder fallen, direkt in deine Hände, damit du immer an ihn denkst und ihn im Herzen bewahrst.

Ich habe gerade so ein Gefühl, als ob wir kurz anhalten sollten. Ja, mein Gefühl war richtig. Dort hinten steht wieder das alte, weise Einhorn, das du ja schon kennengelernt hast, und der kleine blaue Vogel fliegt jetzt genau dorthin. Es gibt jetzt kaum Worte, die das beschreiben, es geht vielmehr um das Fühlen.

So fühle, liebes Menschenkind, wie der kleine Vogel ohne Worte ein Gespräch mit dem Einhorn anfängt. Es sind Schwingungen, die sie austauschen, die Schwingungen des Regenbogens. Kannst du sehen, wie die Regenbogenenergien anfangen zu fließen? Wie sie sich aufbauen und das Einhorn und den kleinen Vogel einhüllen, wie sie sich formen? Kannst du das sehen? Es ist so schön.

Der kleine Vogel löst sich jetzt von dem weisen Einhorn, steigt in die Lüfte, und aus seinen geöffneten Flügeln fließt die Energie des Regenbogens. Er zieht den Regenbogen hinter sich her und hüllt alles in diese wunderschönen Farben ein. Er steigt auf zum Himmel und kehrt zurück zur Erde, er umfliegt die ganze Anderswelt und hüllt sie ein in diese Farben. Lass uns diese Bilder und Gefühle in unser Herz nehmen, lass sie uns einatmen und fühlen. Aus meinen Augen laufen Tränen der Freude und Rührung. Bist auch du berührt?

Ich glaube, du wirst jetzt gleich berührt, denn der kleine blaue Vogel kehrt zurück und fliegt direkt auf dich zu. Er hält genau vor deinem Herzen, schwingt seine Flügel mit der Energie des Regenbogens und legt sie in dein Herz. So bist du vorbereitet auf das, was wir, die Wesen aus der Anderswelt, dir jetzt zeigen und erklären möchten. Komm, das alte weise Einhorn winkt uns, denn es ist alles bereit.

Der kleine blaue Vogel hat seine Aufgabe erfüllt und bittet dich, deine Hände zu einer Schale zu formen, sodass er darin Platz nehmen kann. Er schließt seine Flügel, kuschelt sich in deine Hand, und du darfst ihn zu dem heiligen Platz tragen, der dort hinten auf uns wartet.

So lass uns behutsam und achtsam die letzten Schritte gehen, und wenn du magst, schenke dem kleinen Vogel deine Liebe. Lass sie aus deinem Herzen zu ihm fließen, und sieh, wie deine Liebe ihn umhüllt, wärmt und ihm Ruhe schenkt, denn er hat Großes vollbracht. Sieh, wie er die Augen schließt und in einen tiefen Schlaf fällt. Wie er sich, behütet in deiner Hand, ausruht für seine letzte Reise. Spüre auch seine Wärme und seinen Herzschlag und empfange die Liebe, die er dir zurücksendet. Nun hebe deinen Kopf und schau nach vorne, denn wir sind angekommen.

Vor uns liegt eine wunderschöne Lichtung, eingerahmt von alten, weisen Bäumen und Sträuchern, in denen viele Wesen jetzt sichtbar werden. Die Baumwesen, Kobolde, Feen, Elfen, und auch die Zwerge und die Tiere des Waldes. Alle sind sie gekommen an diesem besonderen Tag, und auch die Blumen auf der Wiese zaubern einen blühenden Teppich und verströmen ihren Duft. Der Wind wiegt sich sanft, und auch alle Wesen, die in ihm wohnen, sind gekommen, um heute dabei zu sein. Sieh, wie sich die Lichtung füllt und meine Familie der Einhörner sich einreiht. Jeder findet seinen Platz, versammelt um die Mitte, die hier vorbereitet ist.

Es ist der Kreis dort, kannst du ihn sehen? Er ist mit Blüten ausgelegt, und in seiner Mitte leuchtet das Lebenslicht. Kannst du es sehen?

Das Lebenslicht, geliebtes Kind, ist nicht von dieser und nicht von eurer Welt. Das Lebenslicht kommt aus der göttlichen Quelle und kann niemals erlöschen. Es wird weitergetragen und lebt in einem jedem, so auch in dir. Ziel und Aufgabe eines jeden Wesens, sei es aus unserer oder aus eurer Welt, ist es, dieses Licht zu nähren und wachsen zu lassen.

Wir beide tun genau das, wenn du hier bist. Immer dann, wenn du durch meine Geschichten und die Erlebnisse hier etwas gelernt hast, bist du gewachsen, und ich mit dir. So funktioniert es hier, und so funktioniert es auch in deiner Welt. Wann immer du einem Menschen, einem Tier oder der Natur hilfst, wann immer du ein anderes Wesen mit deiner Liebe berührst, und sei es nur ein wenig, dann bist du gewachsen, und dein Licht mit dir. Wenn alle Lichter wachsen, können wir eines Tages den Himmel berühren und mit Allem-was-ist verschmelzen. Dann, geliebtes Menschenkind, kommt der Himmel auf die Erde.

Bei dem Fest gehen viele Seelen in den Himmel hinauf, und sie haben sich den heutigen Tag ausgesucht, damit wir es dir zeigen können und alles darüber erzählen. Wenn eine Seele bei euch Menschen in den Himmel aufsteigt, seid ihr traurig und seht nur das, was ihr verloren habt. Wenn eine Seele aufsteigt, seht ihr nur, dass ein Mensch gestorben ist. Ich und meine Freude möchten dir heute zeigen, dass nichts verlorengeht und, auch wenn die Seele ihren Körper verlässt, sie immer noch da ist und uns berühren kann.

Du hast schon viel in der unsichtbaren Welt erfahren, und ich denke, dass du verstehst, dass nicht immer alles sichtbar sein muss. So ist es auch mit dem Sterben. Im Sichtbaren bleibt der Körper zurück, im Unsichtbaren geht die Seele nach Hause.

Ja, liebes Menschenkind, ich spreche hier ganz bewusst von Zuhause, denn so ist es. Wir alle haben eine Seele und wurden geboren aus dem großen Licht der göttlichen Quelle. Wir kommen auf die Erde mit bestimmten Aufgaben, und wenn wir diese erfüllt haben, gehen wir zurück ins göttliche Licht. Dort treffen wir alle Seelen, die wir kennen, und besonders am Anfang, wenn wir gerade erst angekommen sind im Himmel, sind es unser Schutzengel und die Verstorbenen, die vor uns gegangen sind, die uns liebevoll an die Hand nehmen und uns zu unserem neuen Zuhause in der Geistigen Welt begleiten.

Gleich wird Merlin kommen, du erinnerst dich? Er wird heute die Zeremonie leiten, und wir sollten uns jetzt auf unseren Platz begeben, von wo aus du alles miterleben kannst.

Da kommt er schon. Er hat sich heute ganz in weiße Gewänder gekleidet, und sein Stab leuchtet in Gold. Es wird ganz leise jetzt an diesem Platz, und Merlin fängt an zu sprechen:

„Geliebte Seelen, Freunde und Wegbegleiter, wir sind heute zusammengekommen, um auf eine nie dagewesene Weise das Fest des Abschieds, des Übergangs und des Neuanfangs zu feiern.

Auf der einen Seite ist euer Herz schwer, da ihr von einer geliebten Seele Abschied nehmen müsst, doch auf der anderen Seite wisst ihr, dass ihr das Geschenk erhaltet, dem Übergang beizuwohnen. Ebenso ist euch bewusst, das alles, was eure Lieben ausmacht, mit ihnen geht und auf einer anderen Ebene im Himmel weiterlebt. Aber ihr wisst auch, dass die Erinnerung, die Begegnungen und die liebevollen Berührungen des anderen immer bei euch sein werden, denn sie sind ein Teil von euch geworden. Es sind die Spuren, die wir durch unser Handeln und unsere Liebe hinterlassen. Es ist der Funke unseres Seelenlichts, das wir geteilt haben.

Und so hebe ich, Merlin, meinen Stab über dem Seelenlicht in der Mitte des Kreises in den Himmel und öffne das Tor in die Geistige Welt. Ich rufe die Energie des Regenbogens, der sich hier ausgebreitet hat in unserer Welt. Seht und spürt, wie das Tor sich öffnet und auch hier die Energie des Regenbogens herausfließt, um sich mit der hier unten zu verbinden. So entsteht die Regenbogenbrücke zwischen den Welten.“

Theora flüstert dir zu:

„Wunderschön. Kannst du es sehen oder fühlen? Das goldene Himmelstor und die Regenbogenbrücke, die alles verbindet? Schau genau hin und lausche, was nun geschieht.“

„Liebe Seelen, Freunde und Wegbegleiter, nehmt nun Abschied und kommt zu mir.“

Theora flüstert:

Schau dort die Hasenfamilie. Die Hasenmutter trägt ihr Kind. Dieses kleine Hasenkind war nicht lange hier in unserer Welt, doch in der kurzen Zeit hat es mit seiner Liebe so viel erreicht. In der Familie gab es sehr oft Streit, die Mitglieder schafften es nicht, in Frieden miteinander zu leben. Doch die Liebe, und auch die Krankheit des kleinen Hasenkindes, ließ die Familienmitglieder al-

len Streit vergessen und führte sie wieder zusammen.

Das war die Seelenaufgabe des kleinen Hasen, und da sie nun erfüllt ist, kann die Seele zurückkehren. Sie hat ihre Familie in der Anderswelt tief im Herzen berührt und ihre Lichter verbunden und entzündet. Jetzt können sie auch durch das Erleben der Zeremonie des Übergangs dieses Licht, die Liebe und auch das Bewusstsein des Miteinanders in einem neuen Leben leben.

Sieh, wie die Hasenmutter den Körper des Hasenkindes noch einmal küsst, wie das kleine Häschen noch einmal die Augen öffnet und lächelt. Sieh, wie Merlin der Hasenmutter zunickt und diese ihrem Kind. Jetzt wird der Schutzengel des Hasenkindes sichtbar und nimmt die Seele des Kindes in seine Hände. Das Kind nimmt seine energetische Form an, frei von Schmerz, befreit von einem kranken Körper, dreht sich ein letztes Mal um, um seiner Familie zuzuwinken, und geht dann über die Regenbogenbrücke.

Auf der Mitte der Brücke stehen schon die Ahnen der Hasenfamilie, um das Hasenkind weiter zu begleiten und durch das goldene Himmelstor zu führen.

Schau bitte zum Lebenslicht, das in der Mitte des Kreises tanzt, wie sich ein Lichtfunke löst und zu der Hasenmutter hinüberfliegt, um sich mit ihrem Herzen und ihrem Licht zu verbinden. Dieser Funke wird sie durch die Zeit der irdischen Trauer begleiten. Er wird ihr helfen loszulassen, sie mit der Liebe berühren und der Dankbarkeit für das Geschenk, das die kleine Seele ihr durch ihr Leben geschenkt hat.

Auch wenn es ein trauriger Anlass ist, hoffe ich doch, dass du erkennst, dass du dich vor dem Tod nicht zu fürchten brauchst. Ich hoffe, wir konnten dir zeigen, wie bedeutsam der Übergang ist und welche Freude und Liebe fließen, wenn eine Seele über die Brücke geht.

Lass es einfach ein wenig wirken und bei dir ankommen. Es ist sicherlich alles neu für dich, und vielleicht hast du heute zum ersten Mal davon erfahren, wie es ist, wenn wir die Dinge einmal anders sehen und uns für die Welt im Unsichtbaren öffnen.

Es möchten heute noch viele Seelen über diese Brücke gehen. Die Zeremonie ist immer gleich. Sieh dort, der alte Zwergengroßvater, er ist schon viele hundert Jahre bei seiner Familie und nun des Wanderns müde. Er hat nicht alle Aufgaben, die seine Seele sich aufgeschrieben hatte, erfüllen können, doch auch das ist nicht schlimm.

Dort oben sind nur Liebe und Freude. Da vergessen wir manchmal, wie schwer es sein kann, in einem Körper auf der Erde oder auch in der Anderswelt zu leben, und so kann es sein, dass wir uns mehr aufschreiben, als wir tatsächlich tun können. Oft ist es so, dass unsere Berater im Himmel uns warnen, doch manchmal sind wir halt so übermütig und wollen alles auf einmal erreichen.

Kennst du das? Bestimmt, und dass es manchmal nicht so geht, wie wir uns das denken und wünschen, das kennst du bestimmt auch.

So war es auch bei dem Zwergengroßvater, und lange Zeit wollte er einfach nicht sterben. Das hört sich bestimmt ein bisschen seltsam an, oder?

Ich weiß, dass sein Schutzengel und auch andere Engel ihn nachts immer wieder besucht haben in seinen Träumen, um ihn einzuladen, mitzukommen über die Regenbogenbrücke. Doch der Großvater weigerte sich, hatte er doch noch nicht alles erledigen können, was er sich vorgenommen hatte. Erst als seine Frau, die Zwergengroßmutter, die schon vor 100 Jahren über die Brücke gegangen ist, ihn eines Nachts besuchte, wurde er milder und hörte ihr zu.

Sie erzählte ihm vom Himmel und dass es dort kein Gut oder Böse gibt. Dass er nicht bestraft würde und auch nicht befürchten müsse, nicht in den Himmel zu dürfen. „Nein", sagte die Großmutter, „du dummer alter Sturkopf, so funktioniert der Himmel nicht. Das sind doch alles nur Geschichten, die wir den Kindern erzählen, damit sie immer brav sind. Der Himmel ist Liebe, und diese verurteilt dich nicht, sie sieht deinen guten Kern und was du alles in deinem Leben vollbracht hast. So viel Gutes!, könntest du es doch nur aus meiner Sicht sehen. Komm, du lieber alter Esel, komm mit mir, ich zeige dir das Fenster im Himmel, aus dem du liebevoll Rückschau halten kannst auf dein altes Leben, und wenn du deine Aufgabe unbedingt zu Ende bringen möchtest, dann kannst du ja irgendwann wiederkommen und ein neues Leben leben."

Das wirkte, denn wenn seine Frau extra aus dem Himmel kam und ihm so eine Standpaukte hielt, dann konnte er nicht anders, als über die Brücke zu gehen, und genau das tut er gerade. Siehst du es?

Kannst du auch auf der Mitte der Brücke seine Frau sehen? Wie sie ihn liebevoll in Empfang nimmt? Hörst du, was sie zu ihm sagt? „Du alter Esel, war das jetzt schwer?" Sieh, sie gibt ihm einen Kuss, nimmt ihn liebevoll in die Arme, und beide drehen sich noch einmal um, um ihren Kindern und Enkelkindern in der Anderswelt zu winken. Auch wenn sie den Großvater nicht mehr bei sich haben, tragen sie ihn doch in ihrem Herzen. Auch er hat viele Spuren und Lichter hinterlassen, die er jetzt gemeinsam mit der Großmutter durch das Himmelsfenster sehen kann.

Liebes Menschenkind, es bleibt nun nur noch eine Seele übrig, die heute über die Brücke gehen möchte. Schau einmal in deine Hände, die zu einer Schale geformt sind, und spüre den kleinen blauen Vogel.

Erinnerst du dich, er hat heute seine Aufgabe vollendet und wünscht sich, dass du ihn zur Regenbogenbrücke begleitest. Möchtest du das tun?

Liebes Menschenkind, geh in die Mitte des Kreises, wo das Lebenslicht leuchtet und die Brücke beginnt. Nimm Kontakt auf mit dem Vogel, fühle ihn und schenke ihm deine Liebe. Die Liebe des kleinen blauen Vogels bleibt auch bei dir. Sieh nun, wie seine Seele sich aus seinem Körper löst. Wunderschön blau ist sie, und diese kleine wunderbare Seele schließt jetzt mit ihren energetischen Flügeln auf dem Weg in den Himmel die Regenbogenbrücke wieder. Doch bevor der kleine Vogel durch das goldene Tor fliegt, dreht er sich noch einmal um, um zu dir zu sprechen:

„Geliebtes Menschenkind, danke, dass du mich begleitet hast. Empfange nun meinen Lebensfunken und lege ihn in dein Herz. Möge dein Leben bunt sein wie der Regenbogen, mögest du tanzen und glücklich sein, mögest du dich immer erinnern an diese Welt und ihre Weisheiten. Auch du wirst am Ende deiner Reise über die Brücke gehen und wie der Großvater durch das Himmelsfenster auf dein Leben sehen. Ich danke dir, du Menschenkind."

Mit diesen Worten fliegt er durch das Tor und nimmt den Regenbogen mit sich. Wann immer diese Brücke gebraucht wird, wird das Tor sich öffnen, die Brücke sichtbar und die Seele, die gehen möchte, liebevoll ins Licht begleitet.

Theora spricht:

„Liebes Menschenkind, du hast heute viel erfahren, gesehen und gefühlt. Nun führe ich dich zurück aus meiner Welt zu dem Tor in deine Welt.

Ich liebe dich, du Menschenkind. Sieh, du bist gewachsen, und ich mit dir, da du dein Herz geöffnet hast. Magst du mir weiter folgen? Tiefer hinein in die Anderswelt zu den heiligen Stätten meiner Ahnen? Dann komm."

Der müde Wanderer

Hallo, liebes Menschenkind, ich freue mich, dass du wieder da bist und wir gemeinsam ein Stück weiter eintauchen in meine Welt. Lass dich von meinem Horn an deinem Dritten Auge berühren und uns zur Begrüßung gemeinsam atmen. Mmmh, ich liebe es, dich so zu fühlen und mit dir in Kontakt zu kommen.

Ich möchte dir heute eine Geschichte erzählen. Hast du Lust, sie zu hören? Dann komm. Wir gehen ein Stück auf unserem Pfad durch die Anderswelt. Achtsam mit jedem Schritt und offen mit unseren Sinnen. Du weißt schon, hier auf diesem Pfad möchten wir alles wahrnehmen, allem unsere Aufmerksamkeit schenken.

Vielleicht möchtest du ja einmal ein Hallo mit dem Herzen in unsere Welt senden. Als Begrüßung für alle Wesen, die hier wohnen. Einige kennst du ja bereits, und die anderen werden sich dir zeigen, wenn es an der Zeit ist.

Fühlst du den Frieden, der heute Morgen über allem liegt? Dort auf den Blättern liegen vereinzelte Tautropfen, und wenn du genau hinschaust, kannst du sehen, wie die Elfenkinder die Blätter so formen, dass das Wasser der oberen Blätter Blatt für Blatt hinunterläuft für die Tiere, die am Boden leben. Dort hinten hat sich eine kleine Elfe versteckt und hält das untere Blatt fest. Sie wartet auf etwas, doch ihr Gesichtsausdruck verrät nichts Gutes. Sie sieht aus, als wolle sie einen Schabernack spielen, und tatsachlich, hast du es gesehen? Sie hat das Blatt mit dem Wasser genau in dem Moment losgelassen, als eine kleine Ameise vorbeiging.

Doch die Ameise ist nicht böse. Nachdem sie sich ordentlich geschüttelt hat, schaut sie nach oben und bedankt sich bei der Elfe. Diese hält sich immer noch das Bäuchlein vor Lachen, doch jetzt wird sie ganz still und ernst. „Liebe Ameise“, sagt sie, „jetzt, wo du dich bei mir bedankst, schäme ich mich, denn ich wollte dir einen Streich spielen. Jetzt, wo du mich ansiehst und mein Herz mit Liebe füllst, tut es mir sehr leid, und ich bin froh, dass dir nichts passiert ist. Ich werde demnächst achtsamer sein und erst in mich hineinspüren, bevor ich noch einmal etwas tue, was einem anderen schaden könnte.“

„Liebes Elfenkind“, antwortet die Ameise, „ja, ich hätte in dem Wasser den Halt verlieren und ertrinken oder mich verletzen können, doch diese Dusche am Morgen hat mich aufgeweckt und mir gezeigt, dass ich achtsamer meines Weges gehen darf. Hätte ich meinen Kopf nicht so voller Gedanken gehabt, hätte ich dich wahrgenommen und gespürt, dass du etwas vorhast. So haben wir beide etwas gelernt an diesem Morgen, und auch ich danke dir für diese Lektion.“

Liebes Menschenkind, hast du das alles hören können? Ich finde es wunderschön, wenn zwei Seelen so ungleich sie auch scheinen mögen, ihre Herausforderungen annehmen können und in Liebe umwandeln. Weißt du, liebes Kind, das würde ich mir für alle Wesen, auch für euch Menschen, wünschen. Ein solches Miteinander würde alles auf der Erde in den Frieden führen.

Doch lass uns weitergehen, ich habe dir doch eine Geschichte versprochen, wobei, wenn ich es mir so recht überlege, der Pfad durch die Anderswelt hält immer wieder Geschichten für uns bereit.

Ich führe dich heute an einen meiner Lieblingsplätze. Immer wenn ich nachdenken, entspannen oder träumen möchte, gehe ich dorthin. Es ist nicht mehr weit, gleich sind wir da. Wir brauchen nur noch um die nächste Biegung. Hier, wo die Büsche den kleinen Pfad verdecken, gehen wir hinein. Schau, sie teilen sich vor uns und schließen sich dann wieder, so sind wir ungestört. Es geht ein wenig bergab. Halte dich ruhig wieder an meiner Mähne fest, dann kann dir nichts geschehen. Lausche einmal, kannst du den Wasserfall hören? Noch ein paar Schritte, und wir sind da. Wie findest du diesen Platz? Ich liebe ihn. Den Wasserfall, der über den Felsen herunterkommt und sich mit dem kleinen See verbindet. Die Blumen, die am Rand des Wassers wachsen, das Gras, die Büsche und Bäume. Ich finde, hier ist es besonders friedlich, und deshalb möchte ich dir an diesem Ort die Geschichte vom müden Wanderer erzählen.

Schau, wo du dich hinsetzen möchtest, ich folge dir. Dieses Plätzchen hast du aber gut ausgesucht. Hier können wir es uns bequem machen. Richte dich ein, und wenn du startklar bist, gib mir Bescheid.

Bevor ich mit der Geschichte beginne, möchte ich, dass wir beide uns einen kleinen Augenblick Zeit nehmen, um ganz hier anzukommen. Ein paar Atemzüge verweilen, auf den Wasserfall und die wunderschöne

Natur schauen. Versuche einmal, ob du mit deinem Herzen zuhören kannst. Denke an das Rad, du brauchst es nur zu öffnen.

Die Geschichte, die ich dir jetzt erzähle, wird seit vielen tausend Jahren unter den Einhörnern erzählt, und da du jetzt deinen Zugang zur unsichtbaren Welt gefunden hast, darf ich sie auch dir erzählen.

Vor langer, langer Zeit traf ein Einhorn auf einen müden Wanderer. Zuerst spürte es seine Traurigkeit und wurde aufmerksam. Es fühlte die Energien, die der Wind zu ihm hinübertrug, und wusste, dass diese Gefühle zu jemandem gehörten, der Hilfe brauchte.

Zu der Traurigkeit gesellten sich auch die Energien der Hoffnungslosigkeit und eine unglaubliche Schwere. Das Einhorn merkte, dass es nicht mehr viel Zeit hatte, wenn es helfen wollte. Es wollte es zumindest versuchen, und so ließ es sich vom Wind führen und fand einen müden Wanderer an einen Baum gelehnt.

Es war ein trauriger Anblick, denn der Wanderer saß in sich zusammengesunken. Das Licht in seinen Augen schien zu verlöschen, und so trat das Einhorn zu ihm und berührte ihn sanft mit seinem Horn. Die Energie, die aus dem Horn floss, gab dem Wanderer so viel Kraft, dass er noch einmal den Kopf heben konnte, um ihn dann verwundert zu schütteln. Er konnte nicht glauben, was er da sah, und er schalt sich selbst einen Dummkopf, der fantasierte. Nein, das konnte nicht sein. Das konnte nicht ihm geschehen, der schon so lange unterwegs war und jede Hoffnung verloren hatte, jemals das Licht zu finden. Das Einhorn fühlte, was der Wanderer dachte, und konnte für einen Moment seine Geschichte im Buch der Bücher sehen.

Das sollte ich dir erklären. Also, liebes Menschenkind, jedes Wesen, egal, wo es sich befindet, hat in der Geistigen Welt ein solches Buch. Ihr Menschen kennt dieses Buch als Akasha-Chronik. In diesem Buch steht alles geschrieben, was deine Seele jemals erlebt hat.

So sprach das Einhorn ganz sanft zu dem Wanderer und ließ dabei aus seinem Horn die Energie des Vertrauens fließen. Auch der Baum, unter dem der Wanderer saß, erkannte die Chance, dass hier etwas gewandelt, in Ordnung oder auf den Weg gebracht werden konnte, und ließ Wurzelkraft in die Oberfläche des Bodens um seinen Stamm herum fließen, sodass der Wanderer in die liebevolle Erdenergie eingehüllt wurde.

Du darfst wissen, dass die Energie aus Mutter Erde dein Vertrauen stärkt, dir Liebe sendet, dich nährt und schützt. Genau diese Energien flossen nun zu dem Wanderer und hüllten ihn ein.

Das alles zusammen gab dem Wanderer genügend Kraft, um sich ein wenig aufzurichten. Seine Augen wurden etwas klarer, und er sah, dass tatsächlich ein Einhorn bei ihm war. Er befühlte seine Arme und Beine und stellte fest: Ja, ich bin noch auf der Erde. Ich kann meinen Körper fühlen. So, wie ihm das bewusst wurde, fühlte er aber auch die Schwere wieder, die ihn umgab, doch die Energie von Mutter Erde half ihm, diese an sie abzugeben, sodass er sich leichter fühlen konnte.

Das Einhorn ermutigte ihn und sprach: „Lieber Wanderer, lass alle Schwere, die dich belastet, jetzt abfließen. Stell dir vor, sie fließt aus dir heraus in die Erde, und Mutter Erde nimmt sie liebevoll an, um sie in Kraft umzuwandeln, und dann kann die Energie zu dir zurückfließen. Bitte, lieber Wanderer, stell dir diesen Kreislauf einmal vor, und dann lass es geschehen. Es braucht nur deine Erlaubnis."

Da der Wanderer so müde war, dachte er bei sich: Es kann ja nicht schaden, es einmal zu versuchen. Noch müder kann ich wohl kaum werden. Und so ließ er sich darauf ein und schlief ein.

Als er wieder erwachte, war er kräftiger und klarer in seinen Gedanken. Es war bereits Nacht geworden, und er konnte die Sterne sehen, die hell leuchteten. Auch das Einhorn war noch bei ihm, es hatte sich neben ihn gelegt, um ihn zu wärmen.

Jetzt, da der Wanderer erwachte, hob auch das Einhorn den Kopf und grüßte ihn.

„Wie geht es, dir lieber Wanderer, du hast lange geschlafen, und die Energien sind während der ganzen Zeit geflossen. Spüre einmal in deinen Körper hinein. Ist er kräftiger?" „Ja", sagte der Wanderer, „auch mein Geist ist klarer, und da ich dich sehen und mit dir sprechen kann, weiß ich jetzt, dass ich nicht geträumt habe."

„Du hast mir große Sorge bereitet", sprach das Einhorn, „umso größer ist meine Freude, dass der Baum, Mutter Erde und ich dir helfen konnten.

Ich durfte kurz in dein Buch der Bücher blicken und konnte deinen Weg sehen. Magst du mit mir darüber sprechen, auch warum du so müde geworden bist und so traurig, und warum du alle Hoffnung und den Glauben verloren hast?"

„Ach, weißt du", sprach da der Wanderer, „vor langer, langer Zeit machte ich mich auf den Weg, um das Licht zu finden. Doch ich wandere jetzt schon mein ganzes Leben lang, ohne einen Anhaltspunkt, ohne den Weg zu finden. Ich habe viele Menschen getroffen, Bauern, Kaufleute, Gelehrte und Priester, doch niemand konnte mir den Weg zeigen. Oft haben die Menschen mich verlacht und mir geraten, doch besser eine Kerze zu kaufen. Doch weißt du, das Licht einer Kerze suche ich nicht. Es ist ein anderes Licht, doch kann ich es nicht beschreiben, aber ich fühle, dass ich es einmal hatte und es wiederfinden muss. Es scheint so, als würde es zu mir gehören, wie ein Arm oder ein Bein. Doch ich weiß nicht, was es wirklich ist und wie ich es finden kann.

Zu Anfang war ich noch jung und voller Zuversicht. Ich schnürte mein Bündel und verließ mein Dorf und alle Menschen, die ich liebte, glaubte ich doch, dass ich das, was ich suchte, bald finden würde und dann nach Hause zurückkehren könnte. Doch es trieb mich immer weiter durch die Welt. Ich habe viel gesehen und erlebt. Manches war gut und anderes schlecht. Ich habe die

Menschen kennengelernt in all ihren Unterschieden, die verschiedenen Lebensformen der einzelnen Länder, verschiedene Sprachen und Religionen, doch die Frage nach dem Licht konnte mir niemand beantworten, und so konnte ich den Weg nicht finden. Jetzt bin ich alt und müde des Wanderns. Doch weil ich nicht finden konnte, was ich suchte, gab ich auf und wollte nur noch sterben. Doch dann kamst du und gabst mir Halt, und die Hoffnung kehrt zurück und auch die Kraft."

„Lieber Wanderer", sagte da das Einhorn, „lass mich dir von dem Licht erzählen, das du suchst, und du wirst es finden." Da öffnete der Wanderer noch weiter seine Augen und schaute das Einhorn ungläubig an. Sollte er jetzt, nach so langen Jahren der Wanderschaft, das Ziel erreicht haben? Sollte er jetzt, wo er fast aufgegeben hatte, doch noch Antworten erhalten? „Oh, du liebes Einhorn", sagte er, „ist das wirklich möglich?"

„Ja, das ist es. So höre mit deinem Herzen zu, du lieber Wanderer, und erkenne die Wahrheit in meinen Worten.

Das Licht, das du suchst, ist das göttliche Licht, und du findest es in dir. Alle Seelen wurden aus der göttlichen Quelle heraus geboren und tragen den Funken des Lichts in sich. Es kann niemals verlöschen, doch die Wesen können es verschließen und vergessen.

Wenn eine Seele geboren wird, dann nur, weil sie Erfahrungen machen möchte. Die erste Erfahrung ist die der Trennung vom göttlichen Licht. Das ist dein Gefühl, das dich veranlasst hat, das Licht zu suchen, und auf diesem Weg der Wanderschaft hast du viele Erfahrungen gemacht und viel gelernt. Dieses Wissen hat dich im Inneren wachsen lassen, deine Seele wachsen lassen, und jetzt ist die Zeit gekommen, da du dein Licht in dir selbst findest und dein Herz öffnest, um es strahlen zu lassen. Und glaube mir, lieber Wanderer, es wird um ein Vielfaches strahlen, da du gewachsen bist.

Die Trennung vom Licht ist eine Illusion, denn wie sollst du von etwas getrennt sein, wenn du es in dir trägst? Kannst du das verstehen?"

Kannst du das verstehen, liebes Menschenkind? Das Licht aus der göttlichen Quelle ist auch in dir, in deinem Herzen, und immer dann, wenn du dein Herz für die Menschen, die Tiere, die Natur und für dich selbst öffnest, kann das Licht durch dich sichtbar und in die Welt hinausgetragen werden. Dieses Licht berührt die Herzen und schenkt die Möglichkeit, sich selbst zu erkennen.

„Ja", sagte da der Wanderer. „So konnte ich es gar nicht finden, denn ich hätte die Reise in mein Herz unternehmen sollen anstatt in die Welt hinauszuziehen." „Ja", sagte da das Einhorn, „doch bedenke: Als du losgegangen bist, das Licht zu suchen, warst du jung und in der Kraft des Körpers. Du hast viel gesehen und gelernt. Wenn du jetzt mit diesem Wissen nach Hause gehst und die Reise nach Innen antrittst, wirst du erkennen, dass du mit der Suche und der Frage nach dem Licht viele Menschen mit auf den Weg genommen hast, auch wenn du es bewusst nicht gesehen hast. Du hast etwas in den Menschen berührt, ihre ureigene Frage nach dem Sinn des Lebens, und sie somit auf den Weg gebracht.

Jetzt, da du all das weißt, kehre zurück nach Hause. Öffne dein Herz und lass dein Licht leuchten. Lass es immer größer werden. Erzähle deine Geschichte, teile deine Erfahrungen mit den Großen und den Kleinen, denn so können auch sie ihren Weg finden."

Da begann das Herz des alten Wanderers zu hüpfen, und er sprang auf seine Füße, um sich auf den Weg zu machen. Jetzt ging es ganz leicht, denn er kannte den Weg und öffnete sein Herz, damit das Licht leuchten konnte.

Auf dem Weg nach Hause begegnete er vielen Menschen, er berührte ihre Herzen, erzählte seine Geschichten, und die Menschen hörten ihm zu. Er brachte Hoffnung und Licht in die Dunkelheit. Er brachte die Liebe zu den Menschen, und sein Weg war leicht. Er war getragen von Dankbarkeit.

Der Wanderer wanderte noch viele Jahre, und es war ihm nicht mehr wichtig, in sein Dorf zurückzukehren, denn er war jetzt auf der ganzen Welt zu Hause. Am Ende seiner Tage kehrte er zurück zu dem Baum und dem Einhorn. Ein weiser Mann war er jetzt, und er setzte sich unter den Baum, öffnete sein Herz, und das Einhorn zeigte ihm die Regenbogenbrücke, auf der er zurückkehren konnte in das Land der Seelen im großen Licht.

Von dort aus sendet er noch heute seine Weisheit

und Liebe, und wenn du deine Augen schließt und ihn bittest, ist er auch bei dir.

Er weiß, wie es auf der Erde ist, mit all ihren Herausforderungen, mit allen Höhen und Tiefen. Gerade deswegen kann er dich durch schwere Zeiten führen und dir helfen, sie zu wandeln, sodass das Licht der Freude und Leichtigkeit zu dir zurückkehrt.

Theora spricht:

„Auch wenn dein Inneres Kind jetzt ungläubig seinen Kopf schüttelt, alles ist möglich. Glaube daran, so, wie du auch an mich glaubst. Was die Geschichte dich lehren möchte ist: Wann immer es auf deinem Weg durchs Leben schwer wird, laufe nicht weiter, sondern setze dich hin, öffne dein Herz und lausche. Dein Herz, geliebtes Kind, weiß die Antwort, und wenn du es einmal nicht hören kannst, dann rufe uns, und wir sind für dich da.

Ich liebe dich, du Menschenkind. Sieh, du bist gewachsen, und ich mit dir, da du dein Herz geöffnet hast und dein Licht leuchten lässt. Magst du mir weiter folgen? Tiefer hinein in die Anderswelt zu den heiligen Stätten meiner Ahnen? Dann komm."

Werde ein Lichtträger

Liebes Menschenkind, ich freue mich, dass du wieder da bist und ich dich jetzt mit meinem Horn berühren darf. Lass mich dich fühlen, und fühle auch du mich. Lass uns gemeinsam eine kleine Weile atmen, auf dass wir eins werden in diesem Moment.

Wir sind schon eine ganze Weile hier in der Anderswelt unterwegs, und vielleicht merkst du, dass heute etwas anders ist. Ja, heute darf etwas ganz Besonderes, Großes und Wichtiges für beide Welten geschehen, so auch für dich.

Halte dich wieder an meiner Mähne fest oder berühre meinen Hals, so, wie du magst. Da vorne zeigt sich schon unser Pfad durch die Anderswelt, und wir können losgehen.

Der Pfad führt uns heute an all den Orten vorbei, die wir bereits gemeinsam besucht haben. Auch werden wir allen Wesenheiten begegnen, die uns geführt haben.

Sieh, da sind die Freunde des blauen Vogels, sie fliegen uns freudig voraus, wir brauchen ihnen nur zu folgen.

Sieh die Blumen am Wegesrand, sie öffnen sich und verströmen ihren Duft. Die Baumkronen dort vorne neigen sich und formen eine Allee. Der Wind spielt mit ihren Blättern und erzeugt so die wunderschöne Musik, die wir schon oft hören durften.

Nimm wahr, wie die ganze Anderswelt sich öffnet an diesem besonderen Tag und alle deine Sinne – Hören, Riechen, Fühlen, Sehen und Schmecken – verführen wollen. Sie umhüllen uns mit ihrer Fülle und verneigen sich vor dir. Sie danken dir, denn ohne dich und deinen Mut, dein Vertrauen, deine Liebe und deine Freude würden sie immer noch in der Vergessenheit schlafen. Du hast ihnen durch dein Kommen und deinen Glauben neues Leben eingehaucht. Du hast sie sozusagen aus einem langen Schlaf der Vergessenheit wieder erweckt. Jetzt, da du sie berührt, gefühlt und gesehen hast, können auch sie wachsen wie du und ich. So ist und war dein Hiersein für alle sehr wichtig, und dafür möchten sie dir jetzt danke sagen. Jeder auf seine Art und Weise.

So führe ich dich auf diesem Pfad der Dankbarkeit, auf dem es heute viele Stellen nur für dich gibt, die dich einladen anzuhalten, damit das jeweilige Wesen dir danken kann.

Komm, geliebtes Menschenkind, ich begleite dich mit meiner Liebe.

- *Die Wesen, die uns zur blauen Quelle begleitet haben, der Sorgenbaum und die blaue Quelle der Erkenntnis.*
- *Das Wesen des Weges, die Blumenelfen, die deine Sinne geweckt und dich zur Rose der Gefühle begleitet haben.*
- *Das Zwergenvolk, das dir Leichtigkeit und Freude gebracht hat, Merlin, der dich mit Himmel und Erde verbunden und dich in die Selbstannahme geführt hat, und der Lebensbaum, der dir die Blume des Lebens gezeigt hat.*

- Die Regenbogenfarben, die dein Herz geöffnet und dich in den Garten der schwingenden Räder geführt haben, wo du dein Gleichgewicht gefunden hast.
- Die Delfine, die dich zu Atlantis getragen und dir Vertrauen, Freude und Leichtigkeit geschenkt haben.
- Die Deva Elisa, durch die du deinen Selbstausdruck entdecken konntest, deinen eigenen Tanz, deine Schwingung, deine Farbe und deinen Ton.
- Der blaue Vogel, der dir geholfen hat, deine Begrenzungen aufzuheben und deinen inneren Garten über deine Wünsche und Träume zu gestalten.
- Die Seelen, die beim Fest des Übergangs, des Abschieds und des Neuanfangs über die Regenbogenbrücke gegangen sind und dir das Geschenk des Loslassens und der Liebe gezeigt haben.
- Die Elfe und die Ameise, die dir die Wichtigkeit der Achtsamkeit und Wertschätzung gezeigt haben. Das Einhorn, das dir die Geschichte des müden Wanderers erzählen durfte, die dir vom Glauben und dem göttlichen Licht berichtet hat.

So viele Stationen, so viele Begegnungen, und an allem bist du gewachsen, und so auch ich. Schau, dort drüben ist ein kleiner See. Sein Wasser ist ganz still heute, und wir können uns wie in einem Spiegel betrachten. Magst du? Ich schon, komm, wir wollen einmal hineinschauen. Oh, liebes Menschenkind, schau, wie groß ich durch dich geworden bin. Ich darf jetzt endlich älter werden, da die Zeit nun nicht mehr still steht. Ich kann jetzt wieder Geburtstag feiern und mich an meiner Entwicklung erfreuen, genau wie du. Danke, liebes Menschenkind, denn ohne dich wäre das nicht geschehen. Nun schau auch bitte dein eigenes Spiegelbild und wie groß du geworden bist.

Zweifele nicht, weil du vielleicht das Kind in dir siehst, schau auf seine Weisheit, seine Erkenntnisse. Schau auf sein Herz, und du wirst sehen, wie es gewachsen ist. Wachstum des Herzens und der Seelenenergie, geliebtes Kind, erkennst du nicht an der körperlichen Größe, sondern an der Größe des Herzens. Je größer das Rad des Herzens ist, je mehr es sich öffnet und verströmt, desto größer ist der Mensch und das Wesen, das dazu gehört. Das Herz lügt niemals, es wird nur allzu oft verleugnet.

Sieh dir auch in die Augen, ganz tief hinein, und du kannst auch hier deine Größe, dein Leuchten erkennen, so, wie du auch im anderen seine Größe sehen kannst.

Werte nicht, liebes Kind, werte, bewerte und urteile nicht. Geh deinen Weg in deinem Tempo und lass die anderen Menschen ihren Weg gehen.

Ich glaube, ich bin heute sehr philosophisch, und ich hoffe, dass du mich trotzdem noch verstehen kannst. Wenn nicht mit deinem Verstand, dann lass meine Worte in dein Herz hineinfließen, es kennt die Wahrheit dahinter.

Bist du bereit, mit mir an den heiligsten aller Plätze zu gehen? Ja? Dann komm. Es ist nicht mehr weit. Ich führe dich zuerst an einen Ort der Reinigung. Es ist eine kleine Quelle, die in ein kleines Becken fließt. Sie liegt eingebettet zwischen Moos und unzähligen winzig kleinen, weißen Blumen. Es sieht aus, als hätte jemand die sternenförmigen Blüten auf den Moosteppich gelegt. Damit wir niemanden verletzen, gibt es kleine Trittflächen, die dich zu der Quelle führen. Alles ist bereit und wartet auf dich. Die Vögel haben sich versammelt und singen ihr schönstes Lied. Schmetterlinge haben sich oberhalb der Quelle niedergelassen und rahmen das Wasser und die Steine mit ihren Farben und Formen ein. Alles findet sich in einer einzigartigen Symbiose. Auch die Tiere des Waldes schauen dir zu. Die Rehe und Hasen, die Eulen, der Fuchs und viele mehr, die sich nicht zu erkennen geben, doch sie sind da.

Auch sie spüren, dass heute etwas Großes geschehen wird, und sie freuen sich, dass du es bist, der das möglich gemacht hat.

Ja, du, glaube uns!

Für einen so bedeutenden Tag haben die Feen alles für dich vorbereitet und stehen auch schon bereit, um dir zu helfen. Geh zu ihnen, dort an der kleinen Bank kannst du deine Schuhe und Kleider ablegen. Sie helfen dir in das wunderbar warme Wasser, in der die Seerosen nur darauf warten, dich mit ihren Blättern und Blüten zuzudecken.

Spüre, wie das Wasser beginnt, dich liebevoll und

sanft von allem zu reinigen, was du im Sichtbaren und Unsichtbaren auf deiner Haut trägst. Spüre, wie das Blau der Quelle dich durchströmt und reinigt.

Nun tritt eine Fee auf dich zu, reicht dir ihre Hand und hilft dir aus dem Wasser. Du wirst mit einem weichen Handtuch umhüllt und liebevoll abgetrocknet. Wenn du magst, werden die Feen deine Haut noch mit wohlduftendem Balsam einreiben. Du kannst nun wählen, welches der weiß-goldenen Kleidungsstücke du anziehen möchtest. Sie liegen nur für dich bereit. Zum Schluss noch die goldenen Sandalen, und du bist fertig. Doch, halt, die Feen möchten noch dein Haar bürsten, bis es glänzt.

Wunderschön siehst du jetzt aus, lass uns gehen. Wir verabschieden uns von den Feen und sie sich von uns. Sie legen ihre Hände auf ihr Herz und verbeugen sich.

So gehen wir jetzt weiter den Pfad, der links und rechts mit Blüten bestreut wurde, und es scheint, als würden die Bäume gemeinsam mit den Sonnenstrahlen eine Kathedrale bilden, durch deren Mitte wir jetzt schreiten. Fühlst du, dass wir dem Platz ganz nah sind? Ich muss einmal kurz anhalten, da es mich gerade sehr berührt. Ich halte das Rad meines Herzens für einen Augenblick mit meinem Horn, und vielleicht möchtest du es mir gleichtun. Du darfst natürlich deine Hände nehmen.

Dort hinten wartet ein weiteres Einhorn auf uns. Es ist Tiers, der Weise, der uns gleich in Empfang nehmen wird.

Tiers, der Weise, spricht:

„Liebes Menschenkind, ich neige mein Horn vor dir und begrüße dich mit meinem Herzen, und auch vor dir, Theora, verneige ich mich und danke dir, dass du die Wegbegleiterin für dieses Menschenkind warst und bist. Lange schon haben wir auf solch ein Ereignis gewartet, und jetzt bist du hier, geliebtes Menschenkind.

Du darfst jetzt diesen heiligen Platz betreten. Ich führe dich und gebe dir den Blick frei auf den Baum der Bäume, den Weltenbaum. Er verbindet die Erde mit dem Himmel, trägt alles Wissen aus beiden Welten in sich und ist der Mittler, der uns lehrt, beides wieder miteinander zu verbinden.

Wir dürfen heute die Energien wieder aktivieren, die schon seit Jahrtausenden schlummern. Wir dürfen heute ein Tor öffnen, durch das das Licht der göttlichen Quelle wieder hierher zurückkehren kann. Wisse, geliebtes Kind, wir waren niemals ganz getrennt von dieser Verbindung und dem Licht, doch das, was heute durch dich möglich wird, ist der Anfang vom Paradies. Es ist der Anfang von einer Welt, die wieder vereint ist, in Frieden, Harmonie, gegenseitigem Respekt und Liebe.

Komm, geliebtes Menschenkind, ich führe dich an den Fuß des großen Baumes und bitte dich, hier Platz zu nehmen. Wenn du magst, dann kreuze deine Beine und setze dich aufrecht, sodass dein Rücken ganz gerade ist, halte deine Handflächen nach oben, damit die Energien, die wir jetzt freisetzen, dich durchströmen können.

Sieh, wie nun aus dem Wald alle Einhörner kommen und einen Kreis um den Baum bilden. Einen sehr großen Kreis, denn wir sind viele an der Zahl. Als du begonnen hast, in die Anderswelt zu reisen und dich für die Welt im Unsichtbaren und ihre Botschaften zu öffnen, haben die Einhörner sich auf den Weg gemacht, um sich zu versammeln. Das ist jetzt geschehen. Das ist der Ort, an dem heute alles vereint wird. Der Ort, an dem Wunder geschehen.

So sieh, wie sich der Himmel öffnet und die göttliche Quelle ebenso. Es ist, als würden sich unzählige goldene Energiestrahlen über diesen Platz ausbreiten und alles umhüllen. Auch die Erde öffnet sich, wird durchsichtig, damit wir das Herz von Mutter Erde sehen und fühlen können. Auch sie öffnet ihre Quelle und sendet ihre Energie in alle Wurzeln, Energiebahnen und somit auch in dich.

Kannst du die Kraft und die Liebe spüren, die dich durchströmen?

Auch die Wurzeln des Baumes und seine ganzen Energiebahnen werden sichtbar. Es sieht aus, als würde der Baum die ganze Welt in seinen Wurzeln tragen. Sie reichen in jeden Winkel hinein, und sei er noch so klein. Alles ist mit allem verbunden, und das wird hier jetzt sichtbar.

Du kannst das vielleicht nicht alles so verstehen, doch bitte ich dich, geliebtes Menschenkind, schließe deine Augen immer wieder einmal, bevor du weiterliest, lass die Bilder, die ich dir gebe, vor deinem inneren Auge entstehen und gehe ins Fühlen. Dein Herz wird die Wahrheit erkennen.

Ich gehe nun an meinen Platz im Kreis, denn ich werde dort jetzt gebraucht. Ich sende dir meine Gedanken, damit du besser verstehen kannst, was nun geschieht. Fühle, wie ich immer noch bei dir bin. Sieh auch Theora, die ihren Platz im Kreis eingenommen hat und dir aufmunternd zunickt.

Jetzt wird es ganz still, und ich bitte dich, lass auch du die Stille einmal bei dir ankommen. Es ist eine friedliche Stille, der Moment, in dem die Welt den Atmen anhält, und dann sieh und fühle, wie die Einhörner ihre Hörner neigen und die Erde berühren. Wie aus ihren Hörnern jetzt ein wunderschönes, glitzerndes, silbrig-weißes Licht in die Erde einfließt. In die Wurzeln des Baumes, in seine ganzen Energiebahnen. Spüre die Energie, wie sie durch den Stamm bis in die Krone des Baumes hinauffließt.

Kannst du vielleicht ein Kribbeln wahrnehmen? Das ist die Energie, die den Baum durchströmt, und so auch dich.

Der Weltenbaum beginnt nun, sich zu recken und zu strecken, als würde er aus einem langen Schlaf erwachen. Alles ächzt ein bisschen, aber keine Angst, es wird dir nichts passieren. Das Leben kehrt in jede kleinste Zelle des Baumes, in jede kleinste Energiebahn zurück. Sieh, wie in der Erde alles zu leuchten beginnt, und immer noch halten die Einhörner ihr Horn auf den Boden und senden diese Energie.

Erst wenn wir das Gefühl haben, dass alles aktiviert wurde, können wir unsere Köpfe erheben, und mit dem nächsten Atemzug blicken wir zum Himmel, und wenn du magst, tu es uns gleich. Du kannst auch aufstehen und deine Arme zum Himmel erheben, denn jetzt werden viele Lichtwesen auf dieser Ebene das Gleiche tun, was wir gerade gemacht haben. Sie senden ihre aktivierende Energie hinunter, wodurch alle Lichtpunkte in der Erde ihre Arbeit wieder aufnehmen können.

Da dies nun geschehen ist, schließt Mutter Erde sich wieder, und auch die Himmelstüren ziehen sich zurück, sodass wir jetzt wieder im Wald stehen, auf dieser Lichtung, am Fuß des Weltenbaums, dem Hüter des Lichts."

Der Baum neigt sich zu dir herunter und spricht:

„Geliebtes Menschenkind, ich danke dir, dass dies jetzt möglich geworden ist. Du bist eine große Seele, und ich möchte dich mit diesem Licht berühren. Ich möchte dein Licht in dir aktivieren, damit du es mitnimmst in die Menschenwelt und ihr die Botschaft überbringst.

Du bist nun ein Lichtbringer, und deine Worte können die Türen zu den Menschen öffnen. Vertraue dir, du bist geführt und begleitet auf deinem Weg.

Das Licht, das wir senden, trägt die Botschaft von Liebe, Hoffnung und Frieden. Es sät und aktiviert das Licht in jedem Menschen, der bereit ist, zu glauben und den Weg der Liebe und des Mitgefühls zu gehen.

Du hast hier in der Anderswelt viel gelernt. Du hast durch die Achtsamkeit des Weges, durch dein Einsetzen der Sinne, durch deinen Mut und durch deine Freude den Weg bereitet. Geh, geliebtes Kind, und verschenke das Licht, damit auch alle anderen Menschen ihren Weg finden. Wann immer du Sorgen oder Fragen hast, komm zu uns, und wir werden dir helfen.

Sei gesegnet, liebes Kind, und trage das Licht in die Welt. Ich werde es über meine Wurzeln verteilen, damit die Menschen es unter ihren Füßen fühlen, und jeder, der bereit ist, diesem Gefühl zu folgen, wird sein Licht finden."

Der Hüter des Lichts, der Baum des Lebens, richtet sich wieder auf und lässt sein Licht leuchten.

Theora kommt zu dir und auch Tiers, der Weise. Beide leuchten von innen, und wenn du es jetzt sehen könntest, du auch. Genau wie in den Wurzeln des Baumes, ist dieses Leuchten auch in dir.

Tiers möchte dich zum Abschied noch einmal mit seinem Horn berühren, und auch alle anderen Einhörner senken ihres zum Gruß, bevor sie sich wieder zurückziehen. So verabschiede auch du dich von ihnen. Vielleicht möchtest du noch schauen, bis keins der Einhörner mehr da ist und wieder alles still und friedlich ist.

Spüre jetzt den Schubs von Theora, die dir bedeutet, dass es jetzt auch Zeit wird, sich von ihr zu verabschieden.

Theora spricht:

„Ich liebe dich, du Menschenkind. Sieh, du bist gewachsen, und ich mit dir. Sieh, du bist ein Lichtträger, und ich mit dir.

Fühle, wir sind tief verbunden in unseren Herzen, und das wird immer so bleiben. Auch wenn unsere Reise hier endet, weißt du, wann immer du mich brauchst oder auch nur spüren magst, rufe mich, und ich bin bei dir.

Komm, liebes Kind, ich bringe dich jetzt zurück zu deiner Tür in deine Welt.

Ich liebe dich."

Über die Autorin

Birgit Bosbach wurde 1964 in einem kleinen Dorf in der Nähe von Aachen geboren. Durch eine große Lebenskrise begann sie mit Anfang 40, ihr Leben neu zu gestalten. Der Ruf ihrer Seele wurde immer lauter, und so folgte sie ihrer inneren Stimme und fand ihre Berufung als Heilerin.

Heute lebt sie mit ihrem Mann in einem kleinen Eifelort zwischen Aachen und Köln, den sie liebevoll „OM“ nennen. Es ist ihre Lebensaufgabe geworden, Menschen durch Lebenskrisen zu begleiten und ihre seelischen Verletzungen aufzulösen. Sie an die Hand zu nehmen und auf ihren Weg zu führen.

Birgit arbeitet als Coach, Medium, Heilerin und spirituelle Lehrerin. Seit 2015 bildet sie gemeinsam mit ihrem Mann Menschen im geistigen Heilen aus.

www.praxis-levitas.de

Bildquellen

Einhorn, Seite 11: gekata1989 - Fotalia

Die blaue Quelle, Seite 14: jorgevargas, pixabay.com

Die Rose der Gefühle, Seite 22: 51863, pixabay.com

Der Garten der schwingenden Räderm, Seite 42: sciencefreak, pixabay.com

Die Lagune der Delfine, Seite 55: RalfBeck, pixabay.com

Der eigene Tanz, Seite 69: jill111, pixabay.com

Der innere Garten, Seite 81: hygruesen, pixabay.com

Die Regenbogenbrücke, Seite 89: sandid, pixabay.com

Der müde Wanderer, Seite 102: StockSnap, pixabay.com

Werde ein Lichtträger, Seite 114: mikegi, pixabay.com